福岡県名低山ルートガイド

チーム・N 編

歩け、森の中を。
歩かない足は、やがて身を滅ぼす。
（ヘンリー・ディヴィッド・ソロー）

海鳥社

■序に代えて

されどわれらが低山へ

低山はいい。なにがいいって、ことさら構えることなく登れるから。前々からプランを練り、準備万端整えてということもなく、ふと思い立ってふらりと出かけられる。もちろん、装備をいい加減にしても構わないという意味ではない。気持ち的に楽なのだ。

加えて、アプローチに時間がかからない。財布もさほど痛まない。車の運転が億劫《おっくう》なら、公共交通機関も使える。それに、なによりふるさとの慣れ親しんだ山には懐かしい匂いがある。母の懐のような優しさがある。いつも身近にあって、温かく迎えてくれる。

だから、繰り返し何度も登りたくなる。健康維持のためのトレーニングもいいし、のんびりくつろいでコーヒーや山メシを楽しんだり、知識や技術を学ぶ場として活用したりするのもいい。

高い山の魅力は言わずもがなではあるけれど、装備は重く、登頂に時間を要し、肉体的、精神的にきついのも事実。だが、低山なら高い山でできないことが楽々こなせる。季節によっては、花もたくさん咲いている。歴史も、展望も、豊饒なる樹林もある。つないで歩けば、ロングトレイルだって可能だ。やっぱり低山には低山の魅力があるのだと思う。

ちなみに、釣りの世界には「フナ釣りに始まり、フナ釣りに終わる」という言葉があるそうだ。それに倣《なら》えば、山登りは「低山に始まり、低山に終わる」と言えるのではなかろうか。

身近にある低山で山登りの楽しさを覚え、厳しさもちょっぴり教えられ、もう少ししっかり歩けるように体力をつけようとか、道具もちゃんと揃えようとか、自然についてもっと知識を増やそうとか反省する。

そして、それをフィードバックして糧《かて》とし、少しずつエリアを広げ、より高い山へと足を延ばし始める。その過程で、さらに知識や技術を身につけてステップアップしてゆく。その意味では、ふるさとの低山こそ原点。ここをないがしろにしては先へ進めない。

やがて、ある人は富士山や日本アルプスといった高みをめざすようになり、またある人は国内のみならず、海外の高峰へと羽ばたいてゆく。ここに人が山を通じて一歩一歩成長してゆくストーリーがある。

しかし、多くの場合、再び身近な低山へ戻ってくる。いや、戻らざるを得ない。なぜって、人は誰しも歳には勝てないから。世界的なクライマーだってそうだ。加齢とともに衰えるのは人の常である。いつかまた戻ってくる場所だから大切にしよう。「低山に始まり、低山に終わる」には、そんな想いも込めている。

ずいぶん昔の話になるけれど、山雑誌の編集に携わっていたおり、ある山の会の会長と話す機会があった。地元の低山について尋ねたところ、「うちの会は、そんな低い山には登りませんよ」ときっぱり。あたかも低山を侮蔑するような答えに愕然としたことがある。

お膝元の山を知らずして、高みをめざそうなどおこがましい。若気の至りでそう憤ったものだ。でも、あの日の会長さんも、会員のみなさんも、きっといつかは低山へ回帰したと思っている。たかが低山かもしれないが、されど低山なのである。

でも、嬉しいことに近年は低山に登る人が増えた。10年ほど前までは、出会うとしてもイノシシの親子ぐらいだったちょっと怪しげな山でも、登山者とすれ違ってびっくりすることがある。もっというと、老若を問わずソロの女性も多い。ほんと、ひと昔前の低山といえば、中高年の男の世界だったのだけれど…。彼女たちの明るいウエアのおかげで、低山にも華やいだ風が吹き始めた感がある。

ならば、もっと低山を愛する人を増やそうというのが本書の狙いの一端である。石川啄木は『一握の砂』の中で、「ふるさとの山に向ひて言うことなし　ふるさとの山はありがたきかな」と詠んだ。今、山に必要なのは「ありがたきかな」という啄木の心だと思っている。

思えば、昭和の高度成長期以降、私たちは便利さと引き換えに大切なものをなくしてしまったのではないか。物質には恵まれていても、精神はどこか息苦しい。それは、自然の恵みに感謝する心、自然とともに生きる知恵をどこかに置き忘れてしまったからではないだろうか。

いささか堅苦しくなるけれど、山に登るとは、先人たちが培ってきた自然観を取り戻すことと無縁ではない。机上でいくら「自然は大切だ」と吠えたところで、二本の足でせっせと歩き、汗を流した実感には敵わない。

さらにいえば、低山を愛する心は、ふるさとを大切に思う気持ちに通じると思っている。本書を手に取って、「されどわれらが低山」にもっともっと足繁く登ってもらえたならば幸いである。

福岡県名低山ルートガイド
CONTENTS

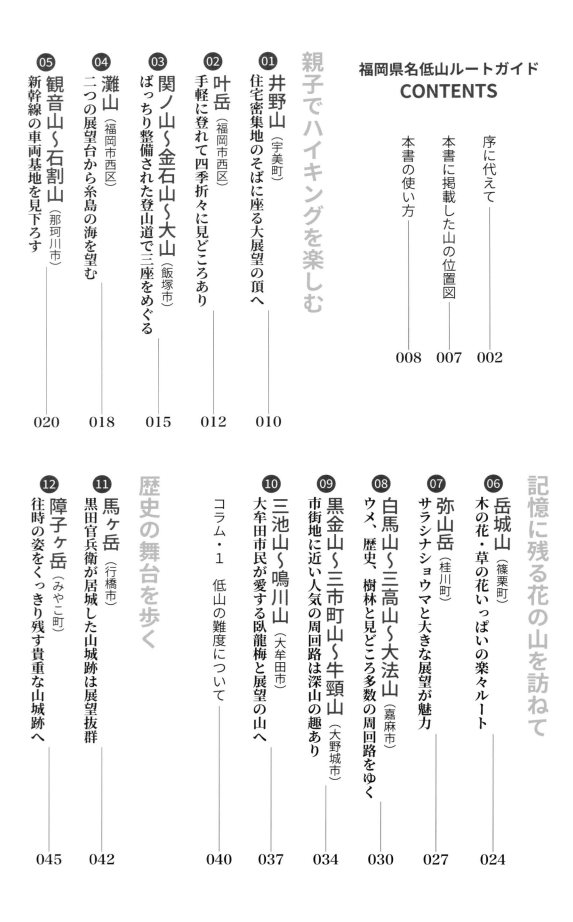

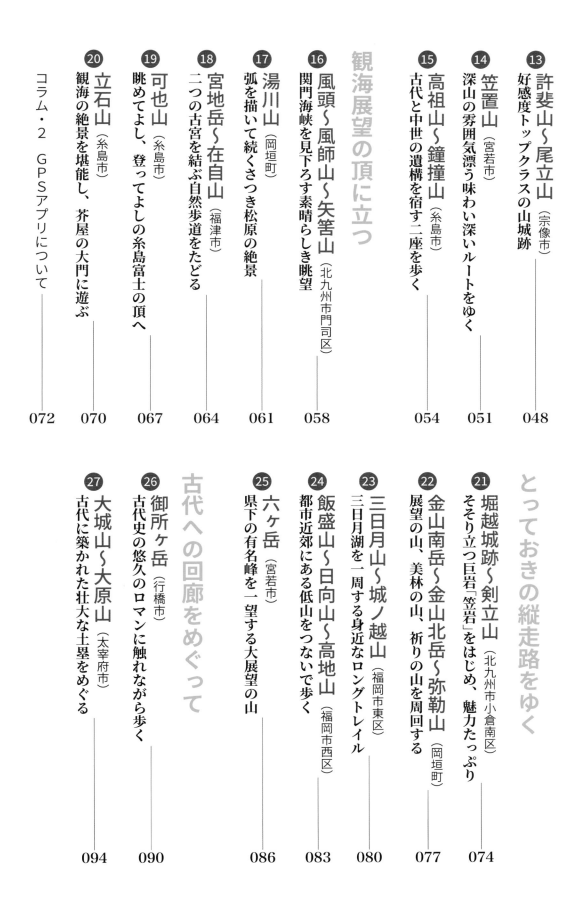

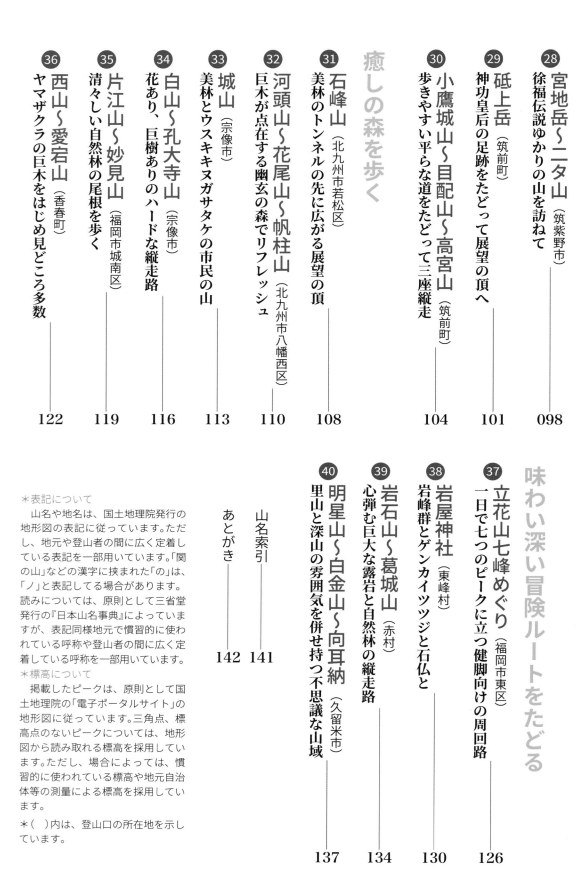

癒しの森を歩く

味わい深い冒険ルートをたどる

＊表記について
山名や地名は、国土地理院発行の地形図の表記に従っています。ただし、地元や登山者の間に広く定着している表記を一部用いています。「関の山」などの漢字に挟まれた「の」は、「ノ」と表記してる場合があります。読みについては、原則として三省堂発行の『日本山名事典』によっていますが、表記同様地元で慣習的に使われている呼称や登山者の間に広く定着している呼称を一部用いています。

＊標高について
掲載したピークは、原則として国土地理院の「電子ポータルサイト」の地形図に従っています。三角点、標高点のないピークについては、地形図から読み取れる標高を採用しています。ただし、場合によっては、慣習的に使われている標高や地元自治体等の測量による標高を採用しています。

＊（　）内は、登山口の所在地を示しています。

本書に掲載した山の位置図

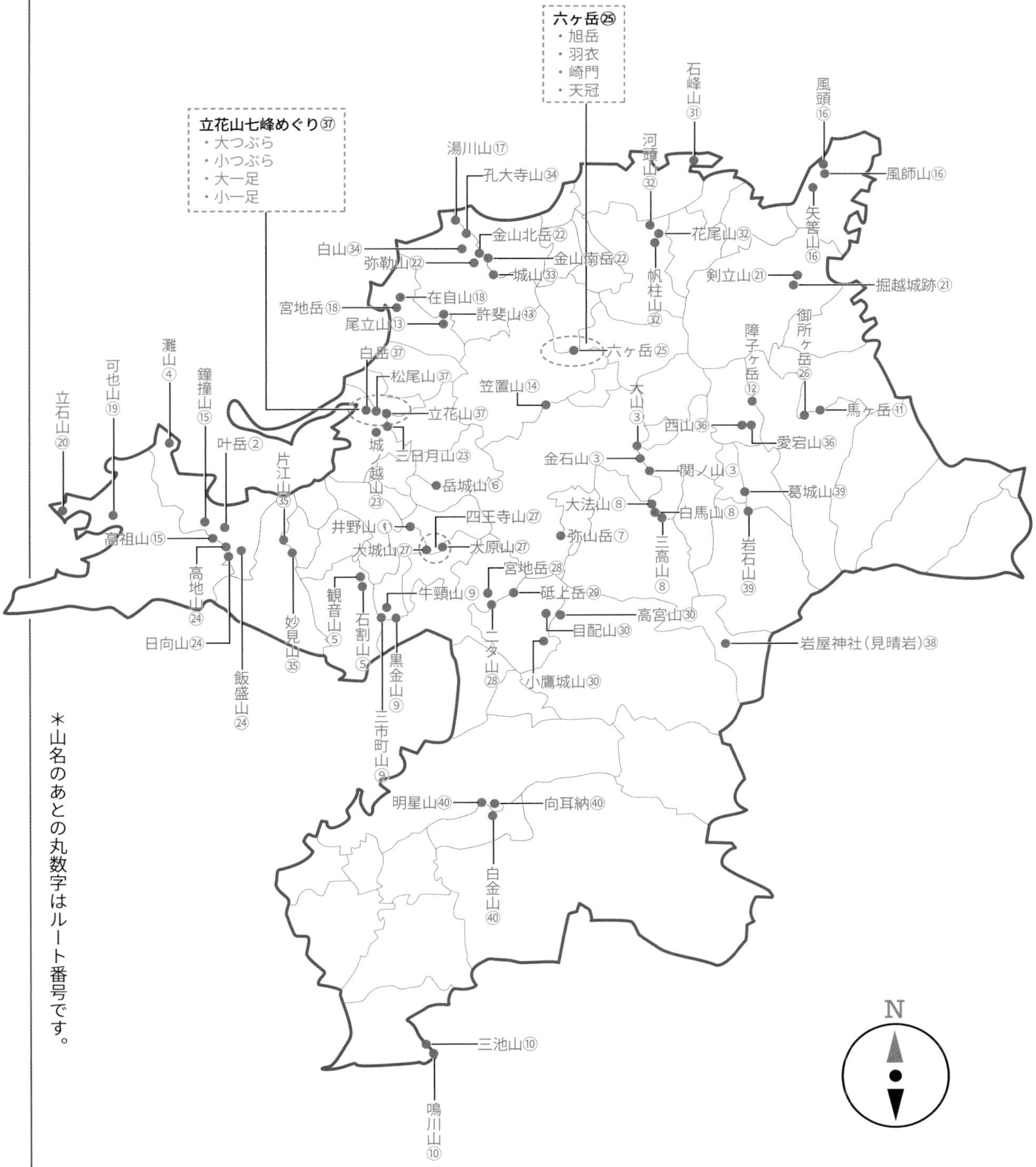

＊山名のあとの丸数字はルート番号です。

本書の使い方

本書は、福岡県下の低山を「安全に楽しく」歩くためのガイドブックです。取り上げた山は、すべて標高500メートル未満です。山とルートの選定にあたっては、「個性豊か」という点を重視して八つのカテゴリーに分けました。

ただし、山城跡であり、野草も多く、縦走もできるといったように個性の重複する山がけっこうあります。福岡県下の低山は、それくらい魅力たっぷりと考えていただけたら幸いです。

全国的に見ると、標高1000メートル前後の山を低山とするようですが、厳密な定義はありません。標高2000メートルを超える山がない九州の場合は、標高500メートルを基準にするほうがふさわしいと考えました。

これについては「山高きがゆえに貴からず」ということわざがあります。外観よりも中身が大事という意味ですが、そのものずばり山を考える際に有用です。低山には低山の魅力があり、高い低いにかかわらず楽しめる。それが山登りのいいところです。

とはいえ、低いから安全とは限りません。近年は、身近な低山で道迷い遭難が多発しています。登山道のほかにも、林道、作業道、遊歩道、古い農道や生活道などいろんな道が輻輳《ふくそう》し、分岐がたくさんある。それも低山の特徴と言っていいでしょう。

かつて山は、林業、炭焼き、畑作、果樹栽培、山菜採り、狩猟など生活の一部でした。そのため、里に近い山ほどさまざまな道が入り組んでいます。山に慣れた人でもうっかりすると迷いかねません。

したがって、本書はその点を特に意識し、身近な低山を道迷いすることなく、安全に歩いてもらうことを願って作りました。分岐や危険箇所はもとより、標高差や傾斜の緩急、ランドマークなどを含めて、できる限り分かりやすく解説しています。

●地図について

地図は、国土地理院の2万5000分の1地形図を使用し、赤の実線、緑の破線、および最低限必要と思われるランドマークを記載しています。

ルートについては、現地へ足を運び、実際に歩いたGPSデータを基に描いています。しかしながら、GPSの精度的誤差、および地図作成上の物理的な制約のため、現地の登山道を正確に表現しているわけではありません。大まかな目安と考え、実際の山行では必ず地図とコンパス、あるいはGPSアプリを活用してください。とりわけ現在地の把握が容易なGPSアプリは必携です。

なお、近年は台風や集中豪雨などの災害によって登山道が消失したり、林道が崩壊したりするケースがたびたび起きています。通行できない場合は、無理をせずに撤退しましょう。

●参考タイムについて

同じルートでも経験、知識、技量、体力、体調、あるいは歩き方のスタイルが異なれば、当然タイムは変わります。季節によっても差があります。したがって、参考程度に留めてください。休憩時間は含みません。

マップコードを使って登山口へ！

＊山行データに掲載している「MAPCODE（マップコード）」をカーナビに入力すれば、目的地設定が簡単です。

《入力例》

❶「メニュー」
↓
「目的地」
↓
「マップコード」を選ぶ。

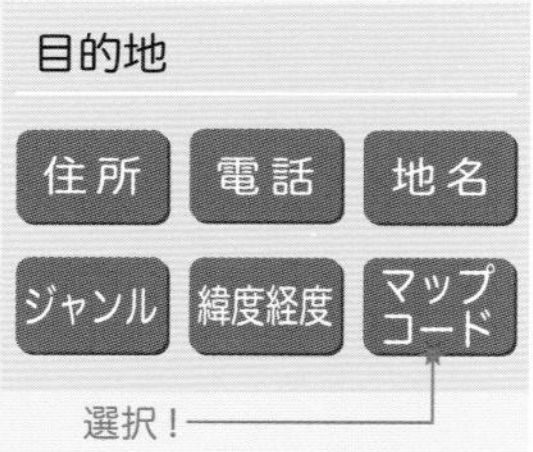

❷入力画面にてマップコードの数字と記号を順番に入力する。スペースは無視してOK。
入力後、「検索」を選ぶと画面に目的地が示される→案内開始。

・マップコードによる目的地設定はカーナビの機種によって異なります。詳細につきましては、取扱説明書をご覧ください。
・マップコードに対応していないカーナビもあります。また、対応していても、高精度マップコード（＊以下の数字）に対応していないことがあります。
・マップコードで目的地を設定しても、実際の位置とは誤差が生じる場合があります。

＊「マップコード」および「MAPCODE」は（株）デンソーの登録商標です。

地図凡例

——— ＝当該ルート
……… ＝その他のルート
● ＝ルートの基点
水 ＝水場
3 ＝国道
52 ＝県道

Chapter 1

親子でハイキングを楽しむ

山は心も体も鍛えてくれる
かけがえのない学びの場である。

Route 01

井野山《いの》（236）

住宅密集地のそばに座る大展望の頂へ

■登山口＝宇美町

井野山といえば、なんといっても360度さえぎるもののない大展望である。いつも登山者の姿があり、初心者でも安心である。

スタート地点の井野公園。駐車場と簡易トイレがある。

四王寺山の北西に二つ並ぶピークの北側が井野山である（南側は乙金山）。遠目には尖った鋭鋒だが、密集する住宅地が取り巻いているせいか、山麓から眺めると街中のこんもりとした森のような面持ちである。

住宅密集地の山ゆえ、最初の問題はどこに駐車するかである。かろうじて北麓に井野公園があり、4〜5台ほど駐車できる。満車の場合は、県道68号沿いにある宇美八幡宮の駐車場から歩こう。

次の問題は取りつき点が分かりにくいこと。井野公園から山頂直下へ舗装林道が通じているが、これは周辺住民の散歩コース。登山の妙味は薄く、復路に下る。

取りつき点への経路を井野公園から説明すると、宇美商業高校入口信号に出て右折。赤井手バス停の先から右折して民家の間に続く路地へ入る。ここから民家の間の狭い路地を縫って農道（右手に竹林あり）に出る。ただし、道標は一切ない。目印は「井野山の岩盤水」で、この裏（山側）が取りつき点である。

さて、左手に「井野山の岩盤水」の水汲み場、右手に竹林を見て農道を道なりに進むと、やがて山道に変わる。植林と竹林の谷を詰め登り、砂防堤をすぎた先で、鉄塔巡視路を左に分ける。ここまで多少荒れた感じはあるが、登山道ははっきりしている。

その先で尾根へ至る急登になるが、距離は短い。尾根に上がると自然林に変わり、鉄塔に出合う。ここで乙金方面へ下る道を左に分け、尾根を西へ緩くたどり、ロープの張られた上りにかかる。だが、急登というほどではない。

ロープが終わると、道は二手に分かれる。右は舗装林道へ接続し、左はそれを巻く山道である。どちらを取っても三等三角点のある肩の広場に出るが、舗装林道より左の巻き道を歩くほうが、アカマツの落ち葉がクッションとなって心地いい。

三角点までくれば山頂はもう間近である。縦に長い肩の広場を抜けて長い石段を登れば、大展望の頂に飛び出す。途中で右に分ける道は、五穀神を祀る石祠を経由して山頂へ至る。

井野山山頂には、かつて賀《か》良山城《らやまじょう》と呼ばれる山城があったという。築城は、宇美八幡宮の大宮司を務めた神武秀宗《こうたけひでむね》の手による。この見晴らしのよさならば、どこから敵が攻めてきても容易に察せられ、防備を固められたはず。だが、1576年、岩屋城の高橋紹《じょう》運《うん》と一戦を交えて負け、大友

取りつき点の目印、「井野山の岩盤水」。裏手に見える竹林を右に見て進む。

谷を詰めて登ると、やがて尾根へ踏み換えるステップに出合う。やや急だが、距離は短い。

氏の軍門に下ったといわれる。

今、ここにはそんな歴史の片鱗さえ見当たらない。間近に迫る宝満山、四王寺山をはじめ、胸のすく360度の眺めに感嘆し、鋭鋒であることを実感するばかり。

復路は、肩の広場を抜けて舗装林道を道なりにたどろう。少し距離はあるが、のんびり歩いても35分ほどで井野公園に下り着く。

［山行アドバイス］

①道標類は少ないが、登山道はしっかりしている。小さな子ども連れでも特に危険なところはない。不安ならば、最初は舗装林道を歩くといい。
②井野公園の駐車場は、詰めても5台がいっぱい。満車の場合は、宇美八幡宮から歩こう。宇美商業高校入口の信号に立てば、宇美八幡宮へ続く参道が真っすぐ延びている。宇美八幡宮とゆかりの深い山であることを教えてくれる。

鉄塔の先にあるロープの上り。登りきると、登山道は二手に分かれる。

三等三角点のある肩の広場を抜けて、最後の石段の上りにかかる。

山行データ

■スタート地点　井野公園

■スタート地点の緯度経度とマップコード
33度33分55.22秒／130度30分1.37秒
マップコード＝55 510 399*62

■スタート地点と最高点の標高差　約190m

■歩行時間の目安　約1時間25分

■参考コースタイム
井野公園～10分～取りつき点～20分～鉄塔～10分～208.8三等三角点～10分～井野山～10分～中間点の道標～25分～井野公園（往路＝50分／復路：舗装路歩き＝35分）

■関係市町村
宇美町役場商工観光係＝092（934）2370

Route
02

叶岳《かのう》（341）

手軽に登れて四季折々に見どころあり

■登山口＝福岡市西区

叶岳登山口。春はソメイヨシノが咲き誇り、華やいだ雰囲気に包まれる。車道を挟んだ反対側に駐車場がある。

福岡市の西部にこんもりとした山塊を形作っているのが、叶岳、高地山《こうち》、高祖山《たかす》である。さらに高祖山の北には鐘撞山《かねつき》がある。先の三つのピークを線で結べばVの字になり、口を開けた北側に今宿野外活動センターがある。

この三座は縦走周回できるが、高地山は飯盛山《いいもり》からの縦走(83ページ)、高祖山は鐘撞山を併せた糸島市側からの縦走周回(54ページ)で取り上げることにして、ここでは小さな子ども連れでも楽しめるファミリーハイクの山として、叶岳を単体で周回するルートを案内しよう。

スタート地点は、前述の今宿野外活動センターでも構わないが、そこから約600メートル手前(北)に叶嶽神社の参拝者用駐車場がある。ここに駐車すれば、目の前が白い鳥居の並ぶ叶岳の登山口である。周囲にはソメイヨシノが植えられており、開花期には華やかな雰囲気に包まれる。

登山口から南東へ尾根をたどるが、ずっと階段が続く。また、周囲はほぼ植林である。階段が終わるころ、三差路に出合う。山頂は右だが、左を取って白い鳥居をくぐり、遥拝所へ立ち寄っていこう。北側の展望が開け、晩秋にはイロハモミジの紅葉も楽しめる。

ひと息入れたら三差路まで戻り、再び尾根を南東へ。登山道は明瞭で、迷うところはない。溝状にえぐれたところや短い急登はあるが、傾斜は概ねなだらかで歩きやすい。

登山口から遥拝所の手前まで階段が続く。ゆっくり登っていこう。

五合目のそばには展望台があり、眼下に糸島市の街並みが広がる。奥の山は天ヶ岳。

六合目の先にあるだるま石。

叶岳山頂のベンチとテーブル。この前に山頂標識がある。樹林に包まれた静かな頂だ。

右手に展望台を見た先が五合目で、石の道標が立っている。そのあと、六合目の先でユーモラスなだるま石を見て、高度を上げてゆく。九合目の手前には不動岩がある。案内板に「左へ24歩」とあるように左折してすぐのところだ。ぜひ立ち寄っていこう。

不動岩をすぎれば山頂はもう目と鼻の先。鬱蒼とした照葉樹林の中、叶嶽神社へ続く石段をひと上り。参拝して裏手に回ったところに山頂標識とテーブル、ベンチがある。展望はないが、社殿の周りはきれいに清掃されており、いつ訪れても気持ちがいい。

復路は高地山へ続く縦走路を南へたどり、途中右折して周回する。稜線から今宿野外活動センターへ下るルートは二本あり、最初に出合うのが尾根道の最短ルート。次が谷道の吉野谷ルート。

どちらも登山道はしっかりしているが、前者は階段が多

叶岳山頂に鎮座する叶嶽神社。周囲はいつ訪れても清掃されており、気持ちがいい。

叶岳山頂から高地山へ向かって縦走路を南進する。二つ目の分岐が吉野谷への下降点。

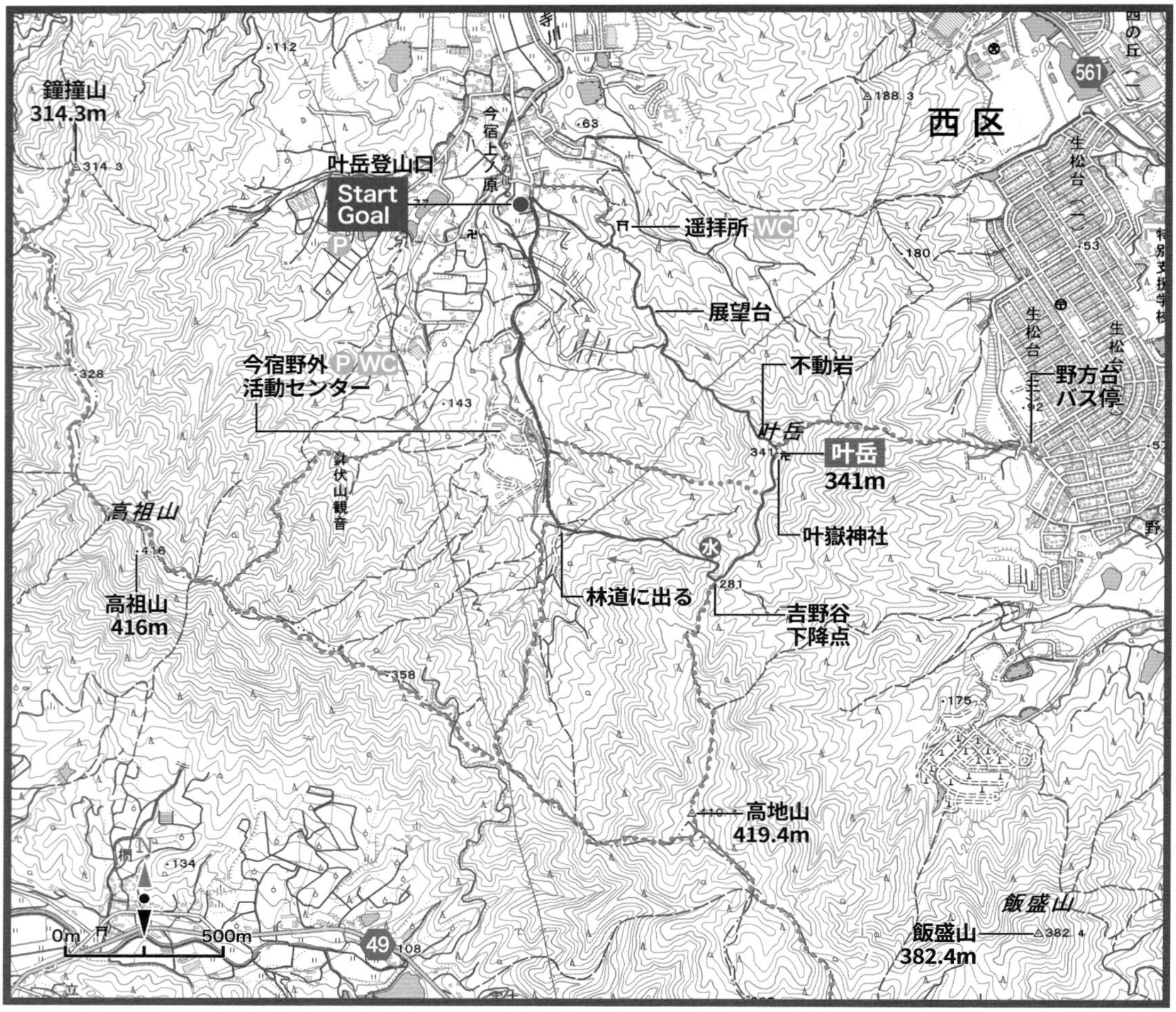

く単調。後者のほうが自然林が多く、かつ変化に富んでおり、おすすめである。

［山行アドバイス］

①叶岳登山口から続く階段の上りが嫌ならば、登山口から北へ2分ほど下った右手に路地があり、民家の間を抜けて取りつく手もある。こちらは樹林に覆われた谷間の道で、自然林の中を登って遥拝所へ至る。

②スタート地点の叶嶽神社駐車場は、休日は満車になることも珍しくない。その場合は今宿野外活動センターの駐車場を利用のこと。

吉野谷ルートは、その名の通り谷間の道だ。
途中には水場もある。

山行データ

■スタート地点　叶岳登山口

■スタート地点の緯度経度とマップコード
33度33分29.02秒／ 130度16分53.21秒
マップコード＝13 184 511*08

■スタート地点と最高点の標高差　約290m

■歩行時間の目安　約１時間50分

■参考コースタイム
叶岳登山口～ 10分～遥拝所～ 15分～展望台～ 30分～叶岳～ 15分～吉野谷下降点～ 15分～林道出合い～ 25分～叶岳登山口（往路＝55分／復路＝55分）

■関係市町村
福岡市西区企画振興課＝092（895）7006
今宿野外活動センター＝092（806）3114

Route 03

関《せきの》ノ山（359・0）～金石山《かねいし》（260）～大山《おお》（295・8）

ばっちり整備された登山道で三座をめぐる

■登山口＝飯塚市

石灰の露岩が点在する関ノ山山頂。開放的で居心地満点である。近年はネコが住む頂として有名だ。

平尾台（北九州市小倉南区）と香春《かわら》岳（田川郡香春町）を結ぶラインには石灰岩帯が広がっている。田川市と飯塚市の境界にある関ノ山はその一端に当たると思われ、南側では石灰の採掘が行われており、山頂や山中にも小規模ながら石灰の露岩が散見される。

関ノ山の山名は、大分県の宇佐神宮と大宰府政庁を結ぶ古代官道（大宰府官道）がこの地を通り、その関所があったことに由来する。限度や力の限界を表す際に用いる慣用句、「関の山」とは無縁である。

昔からファミリーハイクの山として人気が高く、登山道、道標ともによく整備されており、初めての場合でも安心して歩ける。

登山口は飯塚市庄内の旧いこいの森キャンプ場で、駐車場と簡易トイレが設けられている。ここを基点に正面道をたどって関ノ山の山頂に立ち、北上して大山へ足を延ばすルートを案内しよう。

歩き始めは舗装林道で、これをたどって取りつき点へ。林道脇にはソメイヨシノやヤマザクラが植樹されており、春の風光は華やかである。林道終点の小広場を抜けて取りつき、右手に小沢を見ながら登る。間もなく自然林から植林に変わり、小橋を渡る。その先が二合目で、右へわずかで石灰製造窯跡を見る。

三合目でもう一度小橋を渡り、しばらくで十本杉分岐（四合目）に出合う。ここは本ルートのポイントの一つ。直進すれば、北の金石山と南の見晴台の鞍部、大宰府官道の関ノ山越に出る。

一方、右の南東へ続く道は、かつては平野新道と呼んでいたと記憶している。今はこちらを正面道と呼ぶようで、合目を示す道標もこの道沿いに置かれている。いずれにしろ、十本杉分岐から稜線にかけての谷間の道は、照葉樹林に包

関ノ山登山口の駐車場。奥に見えるトイレの横から舗装林道をたどる。

林道終点の小広場とヤマザクラ。取りつき点（一合目）はこの奥にある。

まれており、距離は短いものの心和むプロムナードである。

　それを緩やかに登ってゆくと、右手にヤマザクラの大木を見る。このすぐ上部が五合目の稜線分岐。ヤマザクラの周囲は地元有志の手によって草刈りが施され、ベンチも設けられている。


　ここで右を取り、頭上の開けた尾根をたどる。地形図の等高線を見ると山頂まで比較的緩やかだが、このだらだらと続く上りは相当骨が折れる。本ルートの正念場と言ってよかろう。スパッと視界が開けているのが救いで、降り注ぐ陽射しの中、六、七、八、九合目と道標を数えながら努めてゆっくり登るほかない。

五合目から山頂へ向かって続く尾根の上り。急ではないが、けっこうしんどい。

四合目の十本杉分岐。正面道は右を取る。復路は奥から手前に下りてくる。

開けた尾根の西側にある樹林の道をたどると大岩に出合う。巨大な石灰の露岩である。

稜線分岐（五合目）の直前にはヤマザクラの大木がある。開花は３月中〜下旬ごろ。

　たどり着いた草付きの山頂は広々としており、それまでの苦労を吹き飛ばす開放感と爽快感に満ちている。展望も申し分なく、筑豊盆地を取り囲む山々をパノラマ的に一望する。四等三角点の周囲には石灰の露岩が密集し、この山が石灰岩帯に属していることを教えてくれる。

　山頂でひと休みしたら、進路を北に取って金石山、大山をめざす。往路の開けた尾根を下ってもいいが、その西側の樹林の中に踏み跡がある。これをたどろう。とりわけ陽射しの強い時季はそのほうがいい。

　ただし、この樹林の道からは、登山口や二合目の石灰製造窯跡へ通じる枝道が派生しており、分岐も数ヵ所ある。分岐には道標が立っているから迷う心配は少ないと思われるが、まずは進路を大岩方向に取り、大岩に出たら右を取って正面道をめざそう。

　大岩というのは、巨大な石灰の露岩のことで、隠れた見所の一つ。そのたもとに出たら左に下って回り込み、分岐に立つ道標から右を取れば、正面道に合流する。

　合流点で右を取り、五合目の稜線分岐へわずかに登り返し、稜線を北進して小ピークの見晴台へ。そこから直進して下ると、関ノ山越に出る。

　ここまでくれば北の大山まで一本道である。緩く登って通過点のような金石山の頂に立ち、植林されたダイオウマツがそびえる鞍部にいったん下る。マツの落ち葉を踏みながら緩やかに登り返せば、大山の山頂である。

　タブノキのたもとにベンチが設けられ、展望は東側一帯

関ノ山越の南の小ピークが見晴台だ。パスする場合は、西側の巻き道を取る。

稜線分岐（五合目）から気持ちのよい樹林の道をたどって見晴台へ。

ベンチが設置された大山山頂。東側（写真右手）一帯が開けている。

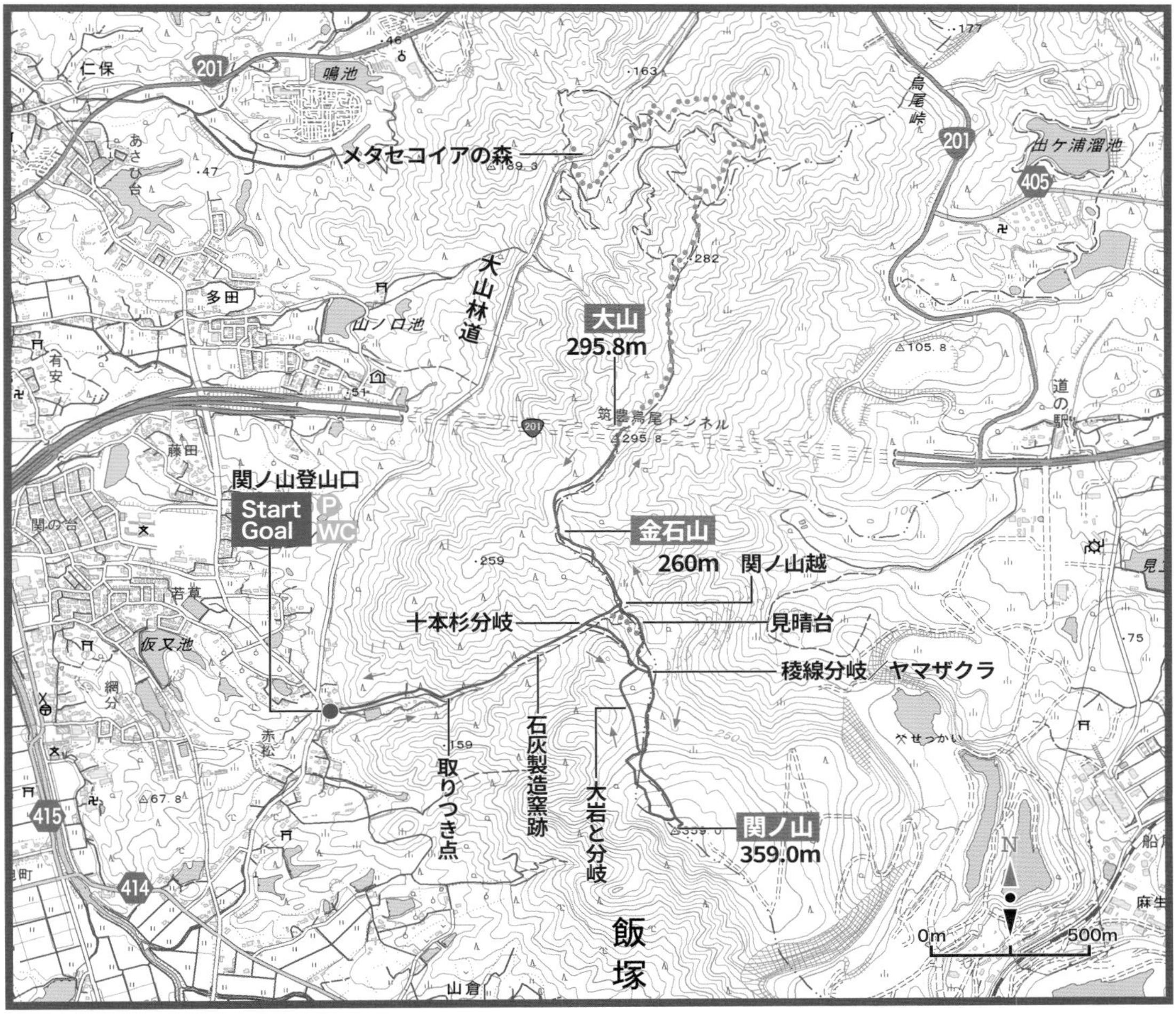

が開けている。照葉樹林に包まれてのんびりできるのどかな空間である。

復路は、関ノ山越まで戻り、右へ下れば間もなく十本杉分岐に至る。あとは道なりに往路をたどり、登山口へ戻ろう。

【山行アドバイス】

①筑豊地区には人気の低山が多いが、関ノ山もその一つに数えられる。休日には駐車場が満車になることも珍しくない。正面道をたどる限り、迷いやすいところも危険なところもない。

②関ノ山は、近年SNSで頂にネコが住むことでも知られるようになった。山頂にはキャットハウスがある。

③関ノ山山頂から樹林の道を使う際は、分岐を確認して進むこと。途中で心配になったら、七合目と八合目の間に正面道と接続する地点がある。

④大山山頂から北進する道は、大山林道沿いにあるメタセコイアの森や国道２０１号の烏尾峠へ通じている。

山行データ

■スタート地点　関ノ山登山口

■スタート地点の緯度経度とマップコード

33度38分3.58秒／130度44分24.17秒
マップコード＝55 779 663*87

■スタート地点と最高点の標高差　約300m

■歩行時間の目安　約２時間25分

■参考コースタイム

関ノ山登山口～５分～取りつき点（一合目）～15分～十本杉分岐（四合目）～ 10分～稜線分岐（五合目）～ 20分～関ノ山～ 15分～大岩～ 10分～見晴台～ 10分～金石山～ 15分～大山～20分～関ノ山越～５分～十本杉分岐～15分～取りつき点～５分～関ノ山登山口（往路：大山まで＝１時間40分／復路：大山から＝45分）

■関係市町村

飯塚市役所庄内支所＝0948（82）1200

Route 04

灘《なだ》山（209・4）

二つの展望台から糸島の海を望む

■登山口＝福岡市西区

第二展望台から二見ヶ浦方面を望む。親子で手軽に登れる山からこんな景色が望めることが嬉しい。

　カフェや飲食店が立ち並ぶ糸島の二見ヶ浦。灘山の登山口は、そんな人気のドライブスポットから車で5分ほどの場所にある。親子登山には欠かせない下山後の寄り道にも困らない。二つの展望台からは、二見ヶ浦や玄界灘に浮かぶ島々を見下ろせる観海の山でもある。

　登山口は、西側の県道54号沿い（便宜的に県道登山口としておこう）と、東側の住宅街を抜けた先の畑中登山口がある。親子登山の場合は、西側の県道登山口から登るほうがすぐに山へ取りつけるのでおすすめだ。

　取りつき点は、駐車スペースから西へ少し進んだ先にある。道路の右手に出てくる錆びた灘山の看板が目印だ。登山道へ入ってすぐの「灘山ハイキングコース」という道標に従って鋭角に右へ。いきなり低山らしからぬ急登だが、すぐになだらかで気持ちのよい尾根道に変わる。

県道54号沿いの駐車スペース。

取りつき点は、錆びた看板が目印。

　左がスギ林、右が豊かな自然林の尾根道を登りきると、第二展望台に出る。県道沿いの登山口からは、第二、第一の順番に展望台をつないで歩く。第二展望台には海に向かってベンチが三つあり、二見ヶ浦がきれいに見下ろせる。

　山頂は展望台のすぐ先。展望も山頂標識もないが、登山道の真ん中に三角点があり、すぐに分かる。右側の木に控えめな私標が掛けてある。

低山とは思えないほど気持ちのいい自然林に囲まれた尾根道をたどる。

　アップダウンを繰り返しつつ登ると、あっという間に第一展望台に到着。建物まではっきりと見えるくらい間近に玄界島。おもちゃのような柱島。遠くに志賀島、その奥に相島。のどかな海に船が浮かぶ景色は絵葉書のようだ。

　復路は、海を正面にして右手から下る。美しい自然林に

第一展望台から玄界島（右）と柱島を望む。

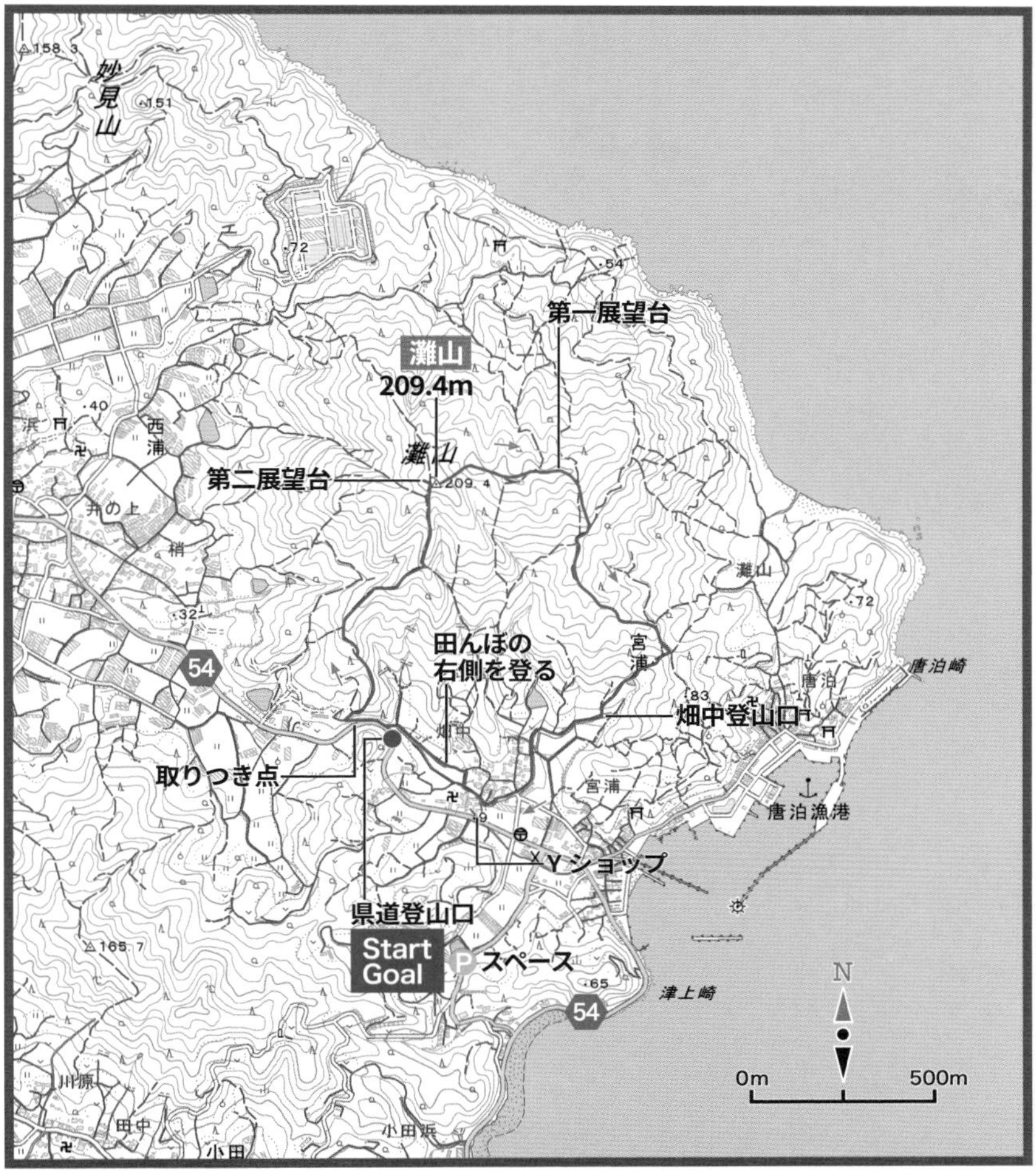

囲まれた登山道はトレースもしっかりしており、迷う心配はない。ただし、途中で道幅の狭い箇所や荒れた竹ヤブを抜けるところがある。子どもが先に行ってしまわないよう注意しよう。竹ヤブの先が畑中登山口である。

駐車場へは、県道を戻ってもいいが、車道歩きが心配な場合は、一本山手の裏道が安心だ。住宅街を道なりに抜け、北崎公民館を左に見ながら進んだ先の突き当たりを右へ。二番目の角を右折し、田んぼの右側を登るように進むと、駐車場の少し先に出る。

下山後は、夕暮れどきまで海のそばでゆっくり過ごすのもいい。二見ヶ浦から美しい夕陽を拝める。

［山行アドバイス］

①畑中登山口から駐車場に戻る裏道がやや分かりにくい。県道を戻る場合は、北崎公民館先の突き当たりを左折すると県道に出る。Yショップの横に灘山の案内板がある。

②一時間に一本ほどではあるが、JR筑肥線の九大学研都市駅からバス便がある。伊都営業所行きに乗り、Yショップ手前の畑中で下車。

③駐車スペースから少し南下した場所に、木のおもちゃ屋さんがある。下山後の子どもたちへの褒美に立ち寄るのもいい。

灘山山頂は、第二展望台のすぐ先だ。三等三角点と私標がある。

山行データ

■スタート地点　県道54号沿い駐車スペース

■スタート地点の緯度経度とマップコード
33度38分41.83秒 ／ 130度13分18.08秒
マップコード＝224 791 806*32

■スタート地点と最高点の標高差　約180m

■歩行時間の目安　約1時間30分

■参考コースタイム
県道登山口〜2分〜取りつき点〜30分〜第二展望台〜1分〜灘山〜15分〜第一展望台〜30分〜畑中登山口〜15分〜県道登山口（往路＝33分／復路＝60分）

■関係市町村
福岡市西区企画振興課＝092（895）7006

Route 05

観音山《かんのん》（132・2）～石割山《いしわり》（170）

新幹線の車両基地を見下ろす

■登山口＝那珂川市

那珂川市の北に位置する観音山は、標高わずか132・2メートルと低山の中にあってもひときわ低い。登山に慣れた人なら20分とかからず登頂できてしまう。

しかしながら、子ども連れ、特に幼稚園から小学校低学年を連れてゆく場合に、これほどの名低山はないだろう。都市近郊とは思えないほど豊かな自然林に包まれており、登山道も明瞭である。登山時間も短いため、小さな子どもの登山デビューに打ってつけの山と言える。

いま一つ、低山ということで、同行する親に余裕が生まれるのも嬉しい。とりわけベビーキャリアなどの親子登山グッズは、いきなり本格的な登山では挑戦しづらいもの。まずは観音山などの登山道のしっかりした低山で練習してから徐々にステップアップしてゆくと、長い期間安全に親子登山を楽しめる。

観音山の登山道はいくつかあるが、大徳寺の境内から延びる直登ルートがメインである。大徳寺駐車場に車を止め、車道を東に50メートルほど進んだ右手から境内に入る。正面の階段を登り、本堂脇から登山道に取りつく。

ツツジやシャクナゲが茂る狭い階段を登ると、左手に金《きん》生神《しょうじん》を祀った小さな拝殿を見る。さらに階段を進んだ先にあるのが、弘法大師が身を清めたとされる一ノ滝広場。

スタート地点の大徳寺駐車場。マナーを守って駐車すること。

境内に入り、正面の階段を登ると登山道への取りつき点がある。

ここは大徳寺の奥ノ院で、唐から戻った弘法大師が一ノ滝で身を清め、岩に聖観音菩薩の梵字を彫ったことが観音山の由来になったと伝わる由緒ある場所だ。現在でも梵字岩や弘法大師像、不動明王像などが残る祈りの場。ここでひと息入れるといい。

広場からいよいよ本格的な登山道となる。勾配も急になるため、小さな子ども連れの場合は慎重に歩き始めよう。特に鉄製の手すりのある区間は段差が大きく、子どもにとっては大冒険だ。しっかりとサポートしながら登っていこう。大岩を巻いて周囲が自然林に変われば、山頂はもうすぐ。最後のステップを駆け上がると山頂に出る。

山頂は、ゆっくりくつろげる広場である。シイやカシなどの樹々に囲まれ、ドングリもたくさん落ちている。北側の展望が開けており、那珂川市から遥か福岡市中心部まで遠望できる。

特筆すべきは、新幹線車両基地（博多総合車両所）が一望できることだ。遠景ながら、ズラリと並ぶ新幹線を俯瞰できる山は、全国的に見ても珍しいのではなかろうか。鉄道好きの子どもなら、登山とともに倍楽しめる。

さて、観音山で物足りない場合は、石割山へ足を延ばそう。山頂広場から南に延びる石割山への縦走路は、美しい自然林に囲まれた心地よい道。アップダウンも適度で、観音山同様、小さな子どもで

一ノ滝広場。観音山の山名の由来となった場所で、弘法大師が身を清めたと伝わる。梵字岩や大師像がある。

観音山山頂から新幹線の車両基地を見下ろす。子どもはもちろん、大人でも記憶に残る眺めである。

のんびりくつろげる観音山の山頂広場。低山ゆえにゆっくりしていきたい。

石割山分岐。つい直進しそうになるが、ここは右を取る。

観音山への上り。鉄製の手すりのある区間は段差が大きく、幼児は苦労する。

も問題ない。ただし、途中、石割山分岐で北西方向に曲がる地点だけは要注意。ここを直進してしまうと、カンバラ池方面に下りてしまう。

　石割山は樹林に囲まれた狭いピークながら、こちらも新幹線車両基地方面の展望が開けており、観音山とは違った角度で俯瞰できる。ベンチがあり、ひと息つくにはちょうどよい頂だ。

　石割山から一ノ滝広場まで中原山を経て直接下山するルートもあるが、整備途上の道で、不安定な急斜面が連続す

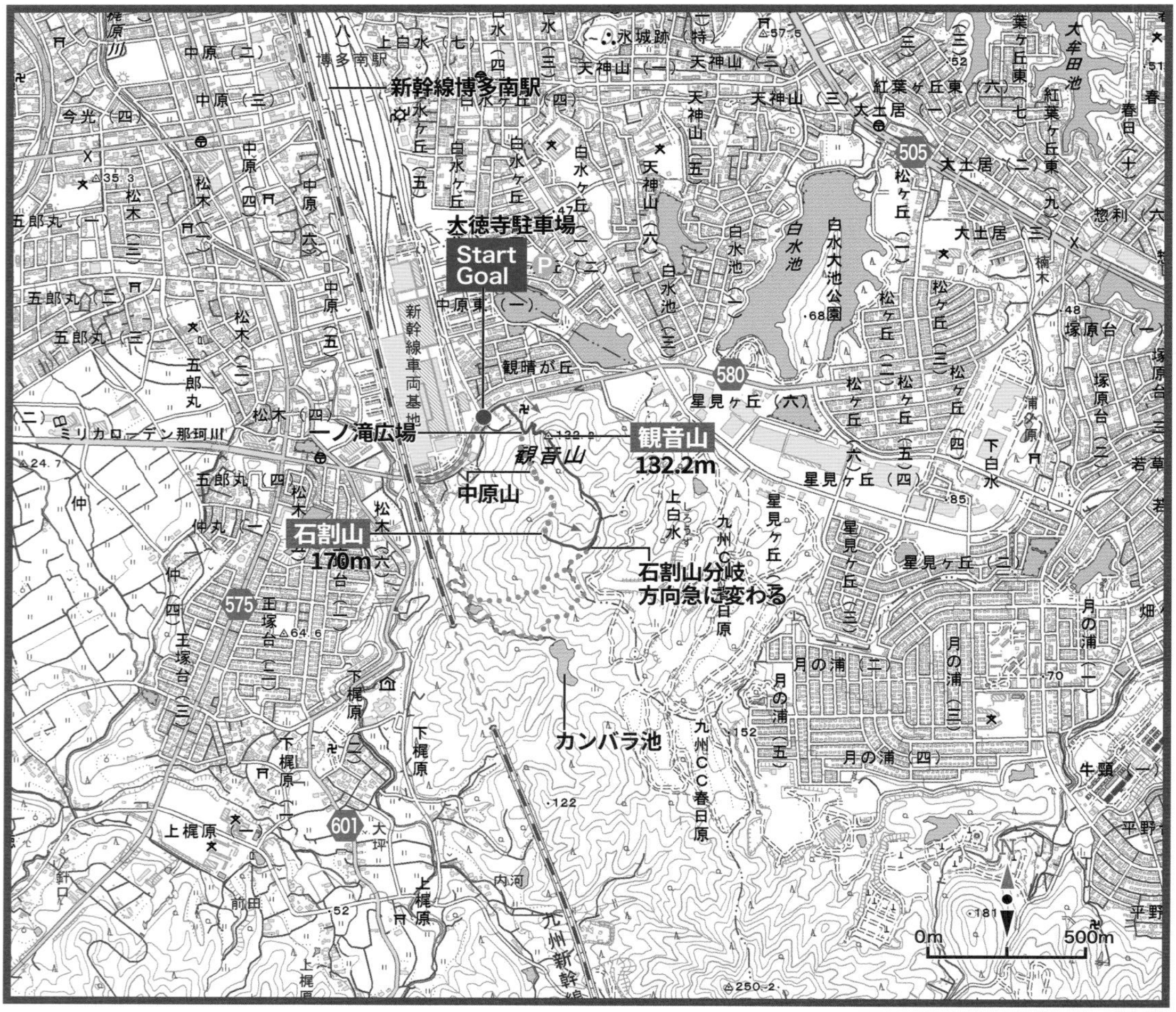

る。子ども連れの場合は、往路を戻って下山しよう。

［山行アドバイス］

①スタート地点は、大徳寺の駐車場。参拝者優先のためマナーを守って駐車すること。トイレや自動販売機はない。

②子どもが電車好きならば、JR博多南線を利用して、新幹線と登山を組み合わせることも可能。博多南駅から登山口までは約2キロである。

③石割山からカンバラ池経由で下りる場合は、カンバラ池付近が荒れていて分かりにくい。子ども連れにはおすすめしないルートである。

石割山山頂。ここからも新幹線の車両基地を俯瞰することができる。

山行データ

■スタート地点　大徳寺

■スタート地点の緯度経度とマップコード
33度30分26.79秒 130度26分33.87秒
マップコード＝13 023 432*20

■スタート地点と最高点の標高差　約120m

■歩行時間の目安　約１時間10分

■参考コースタイム
大徳寺～ 5分～一ノ滝広場～ 15分～観音山～ 20分～石割山～ 15分～観音山～ 15分～大徳寺（往路：石割山まで＝40分／復路：石割山から＝30分）

■関係市町村
那珂川市地域づくり課＝092（408）8729

Chapter 2

記憶に残る花の山を訪ねて

眺めるだけで心がゆるやかになる。
どんな花にもそんな力がある。

Route 06

岳城山《たけじょう》（381・3）

木の花・草の花いっぱいの楽々ルート

■登山口＝篠栗町

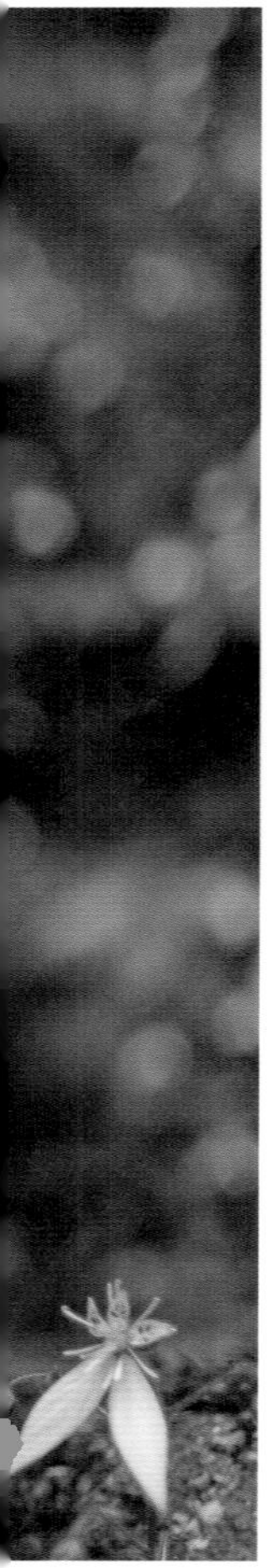

若杉楽園入り口。ここに駐車して車道を下る。3時間は無料である。

車道のカーブ付近にある岳城山の取りつき点。道標には「岳城」とある。

若杉山の西、篠栗町と須恵町の境界にあるピークが岳城山である。かつて高鳥居城《たかとりいじょう》と呼ばれた山城跡で、長門からやってきた河津貞重の手によって築城されたといわれる。

安土桃山時代の１５８６年には、九州制覇を目論む島津勢と天下統一をめざす豊臣勢との間に激烈な戦があり、豊臣勢の手によって落城したという。

標高は３８１・３メートル。登山道はこれ以上ないほど硬く踏まれ、特に急な上りもない。単純標高差も20メートルほどで、幼稚園児くらいの子ども連れでも安心して登れる山である。

須恵町の皿山公園（ツツジの名所）からのアプローチも可能だが、大部分が舗装林道歩きで山登りの妙味は薄い。よって、篠栗町側から登るルートを紹介する。

取りつき点は、若杉山の山頂直下へ通じる車道沿いに二ヵ所ある。一つは、養老ヶ滝で知られる明王院。入り口に「若杉自然歩道」の古い案内板がある。

もう一つは「大和の森」下部のカーブ地点、「岳城」の道標が立っているところだ。ここでは「大和の森」のそばにある若杉楽園の有料駐車場をスタートし、養老ヶ滝に下りてくる変則８の字周回ルートを歩くことにしよう。

若杉楽園から車道を明王院方向へ下り、カーブの左手に立つ古い「岳城」という道標から山道に入る。基本的に山頂直下までトラバース道で、ほとんど平坦である。周囲はスギ林であるが、トラバース道には思いのほか野草が多い。

春にはムラサキケマン、コナスビ、サワハコベ、トチバニンジンなどが登山道を飾る。以前、フタリシズカを見たが、登山道整備の草刈りによって消えてしまった。復活を期待したい。特に目立つのは、秋に咲くモミジガサで、斜面を覆う群生地もある。そのほか、ホトトギスの仲間やツワブキなども見られる。

最初の分岐は、若杉山の西尾根ルート。その後、皿山分岐、養老ヶ滝分岐と続くが、いずれも道標に従って道なりに進む。

山頂直下までくると、直登と巻き道に分かれるが、ここは左の巻き道を取って南へ回り込む。次の展望台との分岐を右折すれば、ひと上りで山頂だ。ちなみに直登は距離は短いが、けっこう急である。

自然林に包まれた山頂は静

道なりにトラバースしながら進むと、皿山分岐に出合う。皿山公園方向へ周回する場合は、奥から手前に登ってくる。

このルートにはモミジガサが特に多い。花期は、9月初〜中旬にかけて。

5月中〜下旬の養老ヶ滝周辺は、可憐なユキノシタの花で彩られる。

かなたたずまいで、高鳥居城跡の立派な石碑が往時の歴史を物語る。ヤマボウシの木があり、5月中旬には花も楽しめる。

復路は、展望台分岐まで戻り、右を取って公園ふうに整備された展望台に立ち寄る。四王寺山から博多湾にかけての大きな展望をほしいままにできる。小さな子ども連れの場合は、ここから往路を引き返し、養老ヶ滝に立ち寄って帰ろう。

歩き足りない人は、展望台から皿山公園方向へ舗装路を下り、薬師堂を左手に見て谷間にある皿山ルート取りつき点から登り返すといい。植林の中に明瞭な道がついてる。

登りきったところが、往路で出合った皿山分岐である。左を取り、次の養老ヶ滝分岐から右へ折れる。道幅は狭いが、歩くに支障はない。崩れた丸太橋を見たあと、樹林のトンネルを抜けたら前方が開け、養老ヶ滝のそばに出る。

右手の建物は無料休憩所で、四差路に出たら右へすぐで不動明王像をいただく養老ヶ滝である。5月下旬にはそこかしこで咲き乱れるユキノシタの可憐な花が、滝と石仏群に彩を添える。

滝を見たら、橋のたもとまで戻って右折。日切地蔵菩薩を正面に見て右手の山道に取

岳城山の山頂標識。この前に高鳥居城の立派な石碑が座る。初夏にはヤマボウシが咲く。

岳城山展望台からの眺望。中央は井野山。その左手に乙金山。

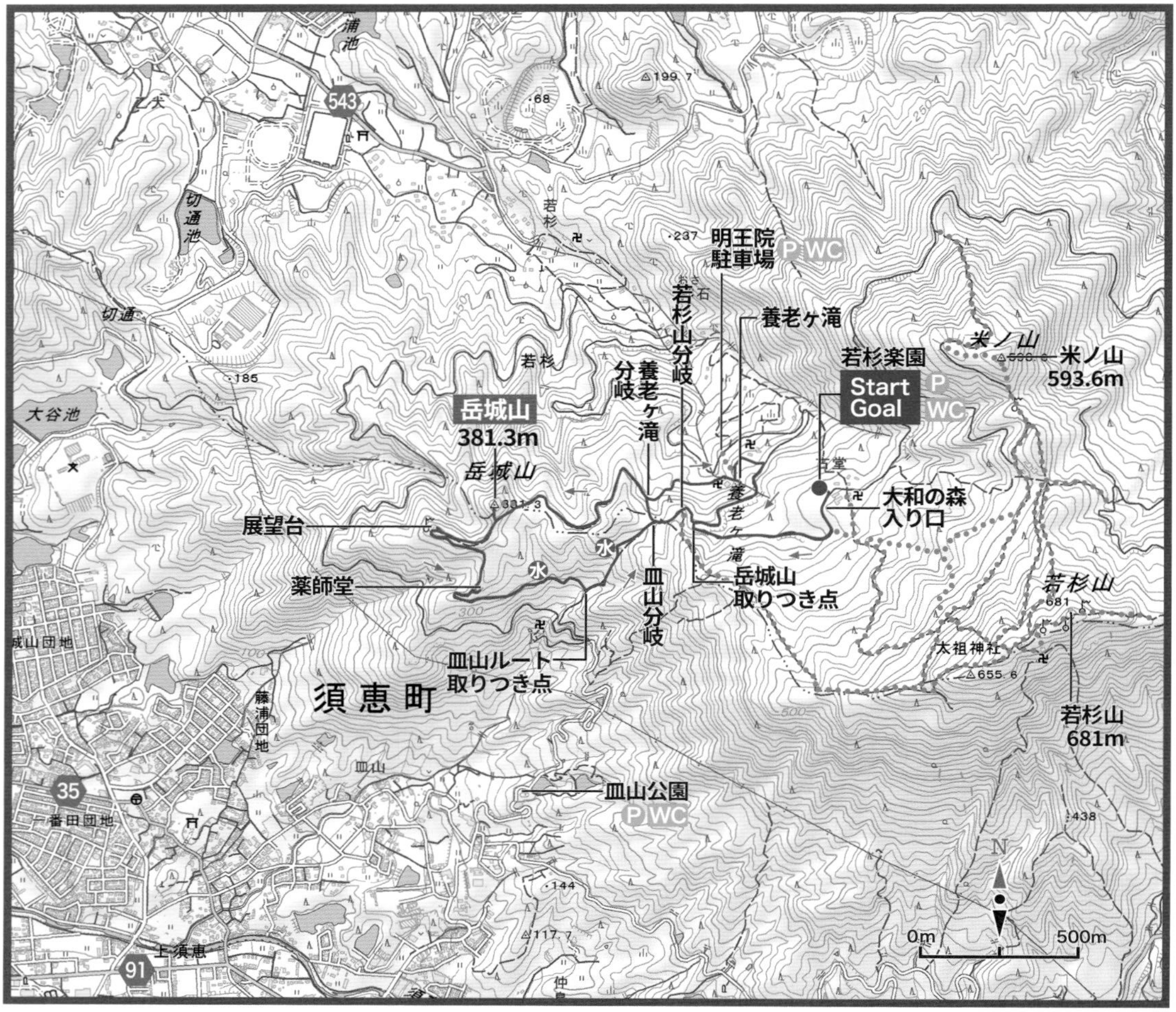

山行データ

■スタート地点　若杉楽園

■スタート地点の緯度経度とマップコード
33度36分4.70秒／ 130度32分10.68秒
マップコード＝55 634 680*31

■取りつき点と最高点の標高差　約20m

■歩行時間の目安　約１時間40分

■参考コースタイム
若杉楽園〜10分〜取りつき点〜30分〜岳城山〜5分〜展望台〜15分〜皿山ルート取りつき点〜15分〜皿山分岐〜10分〜養老ヶ滝〜15分〜若杉楽園（往路＝40分／復路＝１時間）

■関係市町村
篠栗町産業観光課商工観光係＝092（947）1217

りつけば、ほどなくして車道に飛び出す。あとはのんびり車道を登って若杉楽園へ戻るだけである。

［山行アドバイス］

①登山道、道標ともによく整備されている。特に危険なところもない。山登りを始めて間もない人やファミリーハイクにぴったりのルートである。

②若杉楽園の駐車料金は、３時間は無料。９時間までは５００円である。

③明王院に駐車して逆ルートで周回してもいい。若杉楽園〜岳城山取りつき点の車道歩きをカットできる。

養老ヶ滝のすぐ上部にある日切地蔵菩薩。ここから右手の山道に取りつくと車道に出る。

Route 07

弥山岳《ややま》（377・7）

サラシナショウマと大きな展望が魅力

■登山口＝桂川町

展望所から北側を望む。奥に横たわるのは福智山系。右端に香春岳が見える。

国道200号を挟んで西の三郡山と対峙するピークが桂川町の弥山岳である。といっても、標高は377・7メートル。三郡山よりもずっと低い。しかし、がっしりとした風格のある山容は遠目にも目立ち、手軽に登れる山として人気がある。

登山口は、県道90号から入る湯の浦キャンプ場。駐車場、トイレのほか、管理棟のそばで湧水も汲める。ただし、12～3月の閉園中は管理棟のそばの空き地に駐車する。

右手にバンガロー群とトイレ、左手に東屋を見て林道を南へたどると、「グラウスコース」の道標を見る。ここが取りつき点だ。別名は「七曲コース」。取りつくと、登山道は植林帯の中にジグザグについている。七曲の所以だろう。

登山道脇には石仏やところどころに草木の名前に俳句を添えたプレートが立っており、なんとも賑やか。中には希少種と思しきネットで囲まれた野草もある。ネットはシカの食害から守るためのものだろう。こうしたちょっとした気遣いが嬉しい。

それらに目をやりながら登ってゆくと、やがて山頂から北へ延びる主尾根に合流する。左を取ってすぐ新道と旧道に分かれる。旧道は尾根の直登。新道は、旧道とつかず離れずといった感じで蛇行している。

新道を取って植林の中をたどると、やがて前方が開け、平坦な尾根に出る。その一角に東屋が立っている。ここが展望所で、北に福智山、香春《かわら》岳、大坂山、北北西に竜王山や笠置《かさぎ》山を望み、東間近にはこぢんまりとした琴平山や長谷山が見える。筑豊盆地を見渡す大きな展望に驚くだろう。

湯の浦キャンプ場。案内板の前が駐車場。閉園中は、手前にある管理棟のそばに駐車する。

取りつき点に立つ道標。ここからジグザグに登っていく。登山道は明瞭だ。

主尾根合流点。左を取ってすぐ新道と旧道に分かれる。楽なのは新道である。

展望所から山頂をめざす。急な上りもなく、快適に歩ける。

弥山岳山頂。山頂標識と三等三角点がある。

山頂は、そこから南へなだらかに登って10分ほどのところ。植林の中の平らな頂で、山頂標識と三等三角点があるだけで、展望は利かない。昼食をとるなら展望所のほうがいい。

山頂に出る直前、左に分ける道は、山頂から北東に延びる尾根についていた昔の登山道で、かつてはかご立て峠を経てキャンプ場へ通じるルートがあった。だが、相次ぐ豪雨によって道は崩れ、現在は通行禁止になっている。

周回するには展望所まで戻り、東の尾根を下る。夏草が茂る時季、入り口は多少ヤブっぽいが、登山道は明瞭である。いったん南の谷へ回り込み、進路を北東へ変える。

幅の広い登山道は歩きやすく、道脇には例年10月中旬ごろサラシナショウマが点在し、ぐんぐん下ると小規模ながら群生地に出合う。それを抜けて数分でキャンプ場へ通

弥山岳の秋のシンボル、サラシナショウマ。風になびく姿が美しい。例年10月初旬から中旬にかけて開花する。

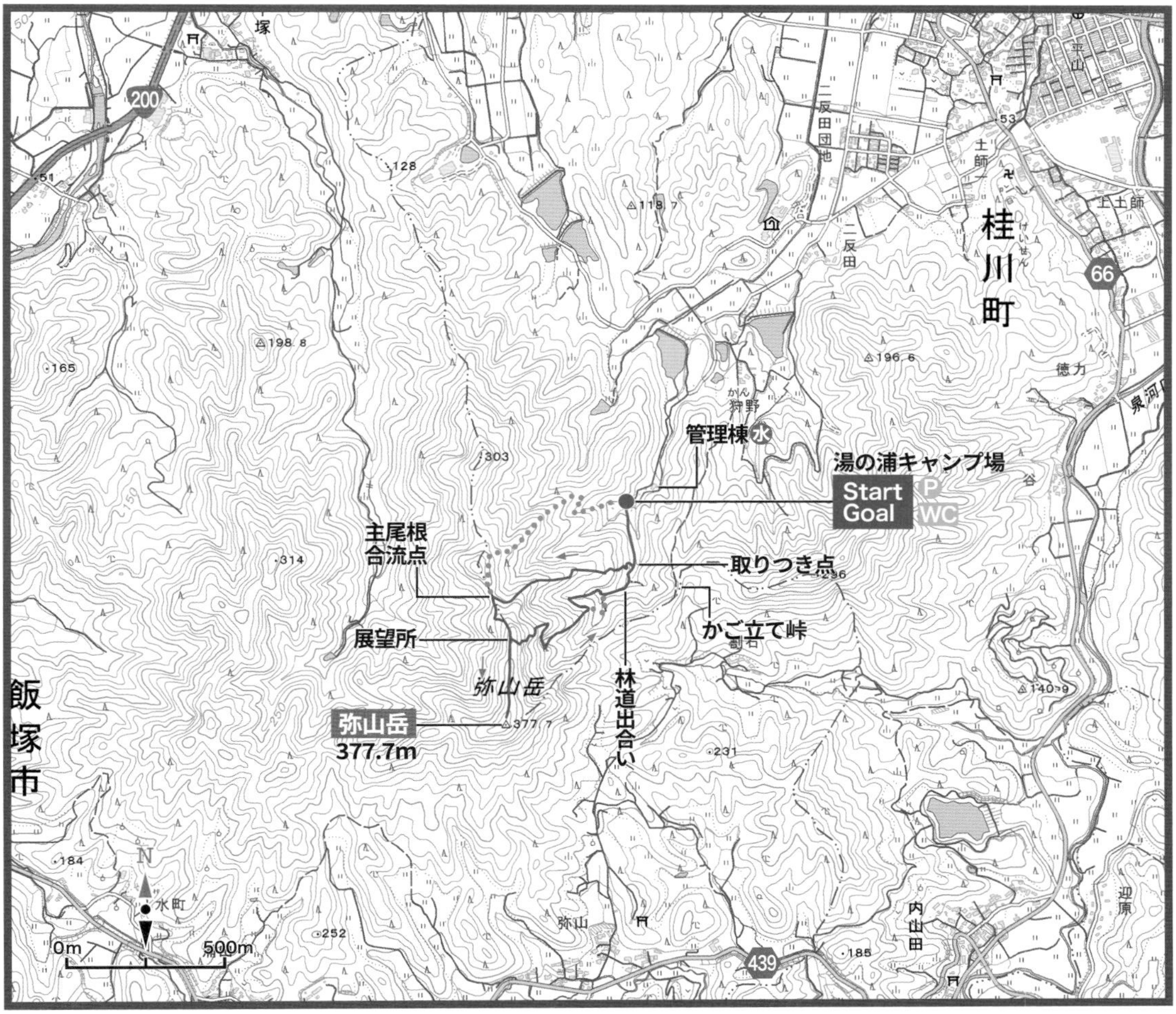

じる林道に出る。

こぢんまりとした周回ルートながら、大展望に加えて希少種や秋のサラシナショウマを含めて野草がそれなりに見られて楽しい。11月にはキッコウハグマも咲く。

【山行アドバイス】

①登山道は明瞭である。聞くところによれば、桂川町在住の有志がほぼ一人で整備をされているとのこと。草刈りがされていないときはヤブっぽいところがある。道標は要所にあって迷いやすいところは特にない。

②かつてはキャンプ場のバンガロー群を抜けて主尾根に出る道やかご立て峠を抜ける登山道があったが、現在は本文に記した周回ルートがメインである。立入禁止の道には入らないようにしよう。

③歩き足りない場合は、近くにある長谷山へ足を延ばすといい。標高311・2メートルと、こちらも手軽に登れ、展望もいい。

山行データ

■スタート地点　湯の浦キャンプ場

■スタート地点の緯度経度とマップコード
33度33分21.36秒／130度40分11.39秒
マップコード＝55 500 322*42

■スタート地点と最高点の標高差　約230m

■歩行時間の目安　約１時間40分

■参考コースタイム
湯の浦キャンプ場〜10分〜取りつき点〜25分〜主尾根合流点〜5分〜展望所〜10分〜弥山岳〜10分〜展望所〜30分〜林道出合い〜10分〜湯の浦キャンプ場（往路＝50分／復路＝50分）

■関係市町村
桂川町社会教育課社会教育係＝0948(65)2007

Route 08

白馬《はくば》山（２４０）～三高《さんたか》山（２３０）～大法《たいほう》山（２３２）

ウメ、歴史、樹林と見どころ多数の周回路をゆく

■登山口＝嘉麻市

嘉麻市の東側、田川市との境界に標高３００メートルに満たない山塊がある。南北に細長く連なり、いくつかのピークを擁すが、いずれもお椀を伏せたような鈍い頂である。北から順に大法山、白馬山、三高山と呼びならわし、手軽に登れる里山として筑豊の人たちに愛されてきた。

花見客で賑わう梅林公園第一駐車場。ウメのシーズンは上部にある第二駐車場へ。

取りつき点は梅林公園の奥にある。鬱蒼とした照葉樹林の中に登山道が続く。

白馬山の南麓には白馬山景福安国寺が鎮座し、県指定有形文化財である源頼朝ゆかりの「白衣観音坐像」を安置している。詳細は同地にある解説板に譲るが、景福安国寺は室町幕府を開いた足利尊氏の奏《そう》請《せい》によって建立されたと伝わっている。

そうした歴史に加えて、寺の上部には梅林公園が整備されており、3月中旬ごろにはたくさんの花見客で賑わう。また、山中には大木が点在する豊かな森が広がっており、魅力の尽きない山域である。

スタート地点は、前述の梅林公園で、景福安国寺の前に広い駐車場がある。ただし、ウメのシーズンはさらに舗装路を登ったところに設けられた第二駐車場を利用しよう。

歩き始めは第二駐車場から梅林公園に入り、展望台を下って北（右手奥）の取りつき点をめざす。

明るい梅林から鬱蒼とした照葉樹林に入り、10分も歩けば右に道を分ける。座禅石を経由して白馬山の北東にある稜線の鞍部（タカバタケ）に出る谷道だ。

しかし、この道を使うと前半部分のハイライトとも言うべき奥ノ院、ムクロジ、バクチノキの大木を見ることができない。そこで、ここは左へ道なりに進み、まずは奥ノ院へ。足利尊氏が菊池氏との戦いで敗走し、身を隠したといわれる場所だが、今は岩壁に古い石祠を残すのみである。

奥ノ院からジグザグに高度を上げると、間もなく右手にムクロジの大木を見る。かつてはこの木の種を羽子板の羽根の先に使い、サポニンを含む果肉を石鹸代わりに使っていたという。

ムクロジの次はバクチノキだ。登山道を少し登った右手奥に赤銅色をした大木がそそり立ち、樹林の中でひときわ目立っている。

バクチノキを見たら谷を詰め、その先で尾根に踏み換えて登れば白馬山の山頂だ。樹林に包まれた狭い頂は展望もない。山頂標識には標高２６１メートルとあるが、地形図から読み取れる高さは２４０メートルである。

稜線はそのすぐ先で、右を取って下れば広々として気持ちのよい鞍部、タカバタケへ至る。道標には「２０１９年命名」とある。簡単に説明しておくと、大法山の西の浅い谷間に麻畠という場所があり、それに対してのタカバタケ。おそらくこの山域の登山道整備をしておられる高畠拓生さん

ひっそりとたたずむ景福安国寺の奥ノ院。足利尊氏が身を隠した場所と伝わる。

梅林公園は丘陵地にあり、園内はけっこうアップダウンがある。

にちなんだものだろう。

　タカバタケから小ピークを越えて鞍部へ下り、登り返した鈍頂が三高山である。展望は利かないが、静かで古い国境石が存在感を放っている。

　そこからさらに南進すると、左手に山小屋への分岐を見て尾根の南端の237標高点ピークに至る。南に嘉穂アルプス（古処《こしょ》三山）の雄姿、南東に英彦山の特徴的なシルエットを望む。展望台と呼ばれているが、この山域ではこの標高点ピークが最も山頂らしい場所である。

　ちなみに奥ノ院からここまで巨木ロードと呼びたいくら

木立ちの中の白馬山山頂。稜線からわずかに西へ外れた地点にある。

三高山の山頂標識と国境石。ここからさらに南進して237標高点ピークの展望台へ。

市指定の天然記念物「白馬山のムクロジ」。どことなく優しげな面持ちの巨木である。

大法山山頂は、なんの変哲もない平頂だ。この先に法華経ヶ嶺がある。

麻畠分岐。この地点がやや分かりにくい。道標を確認して左折しよう。

この山塊で最もピークらしい237標高点ピークから嘉穂アルプスを望む。左から馬見山、江川岳、屏山、古処山。

い立派な木が多い。ムクロジ、バクチノキのほかに、シイ、カゴノキ、エノキなどの巨木が点在する。ヤブツバキも多く、中には堂々とした大木もある。こうした点も魅力の一つである。

さて、237標高点ピークからは白馬山の稜線合流点まで引き返し、そこから北へ進路を取って大法山をめざす。途中にイノシシの巨大なヌタ場を見た先が、大法山の山頂である。山頂標識がないとそれと気づかないような平頂で、これといった特徴もない。むしろこのすぐ北に忽然と現れる法華経ヶ嶺のほうが味わい深い。

大岩が積み重なる不思議な場所で、先へ進むには岩の間をくぐって、いったん下る。そこには高さ2メートルほどの垂壁があり、クサリが下がっている。だが、右手に鉄の橋が渡してある。それを登ると足下は突然舗装路になり、公園ふうに整備された場所に変わる。

そのまま道なりに進み、庄内方面への分岐から左を取り、樹林の中を西へ回り込んだところが麻畠展望台である。標高は258・1メートルで、四等三角点がある。ここがこの山域の最高点である。

麻畠展望台から南へ進路を取り、鴨《かも》ヶ岳へ続く道を右に分けて下る。傾斜が緩んだ地点の東（左）の谷間が前述した麻畠。かつてアサが植えられていたことにちなむという。昔は雰囲気のいい草付きの広場だったが、近年はササが侵入して登山道を覆っている。このままだとササヤブに覆われてしまうかもしれない。

麻畠を抜けて谷間に下り立ち、進路を南に取って下れば善応寺の鬼子母神堂に出る。お堂の岩壁上部に石仏が安置されているが、拝むにはハシゴを登るほかなく、少しばかり勇気が必要だ。この辺りもしっとりとした情緒のある場所であるが、歩く人がそう多くないのか、少しばかり荒れた雰囲気が漂っている。

鬼子母神堂から苔むした石段をたどり、右手に「槍ヶ岳借景」という槍ヶ岳を模した岩を見て下ると、東屋のある舗装林道の終点に出る。

そのまま林道をひたすら下り、車止めゲートの先から左折して沢を渡り、梅林公園に通じる中腹道へ入る。基本的にはトラバース道で、多少のアップダウンはあるが、急な上りはない。梅林公園入り口

鬼子母神堂から続く苔むした石段を振り返って写す。ヤブツバキの落花がアクセント。周辺は雰囲気のいいところである。

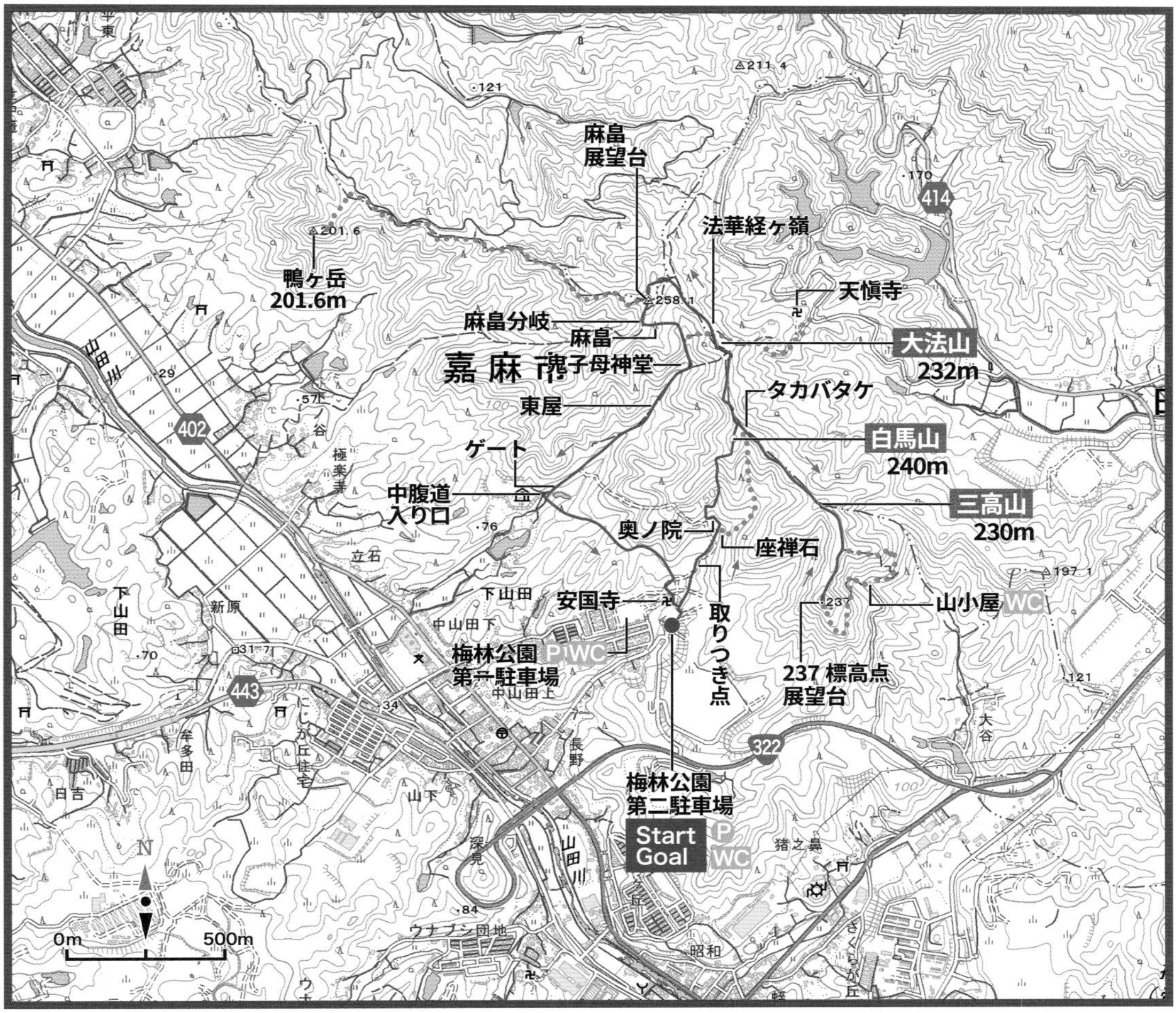

付近に出るまで道はことのほかしっかりしている。

白馬山～三高山～大法山をめぐるルートは変則的な縦走周回路だが、美しい樹林帯が多く、北と南に展望台があり、奥ノ院、法華経ヶ嶺、鬼子母神堂など宗教的な場所もあり、半日遊ぶには十分すぎるほどの魅力を備えている。

［山行アドバイス］

①登山道は明瞭で、道標も要所に立っている。子ども連れでも安心して歩けるが、その場合は白馬山～三高山～237標高点ピーク（展望台）として大法山はパスし、タカバタケから谷道を下り、梅林公園へ戻るとよい。

②シーズン的にはいつ登っても楽しめるが、一番はやはりウメの花がほころぶシーズンだろう。

③白馬山景福安国寺は、不知火型土俵入りを発案したといわれる明治時代の横綱、不知火光五郎の墓があることでも知られる。

山行データ

■スタート地点　梅林公園

■スタート地点の緯度経度とマップコード
33度34分35.19秒／130度45分43.32秒
マップコード＝96 241 770*70

■スタート地点と最高点の標高差　約180m

■歩行時間の目安　約３時間５分

■参考コースタイム
梅林公園第二駐車場～10分～取りつき点～20分～奥ノ院～20分～白馬山～20分～三高山～10分～237標高点ピーク～35分～大法山～20分～麻畠展望台～15分～鬼子母神堂～20分～中腹道入り口～15分～梅林公園第二駐車場（往路：大法山まで＝１時間55分／復路：大法山から＝１時間10分）

■関係市町村
嘉麻市産業振興課観光PR係＝0948（42）7452

Route 09

黒金山《くろがね》（405）～三市町山《みしまち》（440）～牛頸山《うしくび》（447・9）

市街地に近い人気の周回路は深山の趣あり

■登山口＝大野城市

福岡都市圏のベッドタウンとして急速に宅地化が進んだ大野城市に治水を目的として建設されたのが牛頸ダムである。その南側にダムへ注ぐ牛頸川を囲むように連なる山々がある。黒金山、三市町山、牛頸山がそれで、この三座を縦走するルートを紹介しよう。

　登山口は、牛頸ダムの南にある大野城いこいの森キャンプ場。アーチをくぐった右手に登山者用の駐車場が設けられている。

　ただし、7～8月を除く月曜日は休園日のため駐車できない。その場合は、牛頸ダム南端の水辺公園に駐車しよう。キャンプ場方向へ林道をたどった左手に黒金山を示す道標と取りつき点がある。

大野城いこいの森キャンプ場。右手が登山者用の駐車場である。

正面奥に取りつき点がある。右手のテントはバーベキューサイトC。

　キャンプ場からスタートする際は、管理棟の前をすぎて右へ進み、「黒金山」の道標に従ってバーベキューサイトCをめざす。取りつき点はその奥にある。初めての場合は、管理棟の先に各施設の位置を示す案内板があるから、これに目を通しておくとよい。

　ルートの概要を述べると、登山道は硬く踏まれ、要所には道標が設置されている。危険なところも特にない。とはいえ、やたらと分岐が多いのがこの山域の特徴である。ビギナーは進行方向を誤らないよう各分岐で地図やGPSを確認しよう。

　また、キャンプ場と牛頸山山頂との単純標高差は230メートル余りしかなく、急登も少ない。しかし、地形図には表されない緩やかなアップダウンが多い点は頭に入れておきたい。ちなみに、山頂らしいピークは牛頸山のみで、黒金山と三市町山は通過点のような頂だ。展望もない。

　植生は7割以上がスギやヒノキの植林である。自然林はところどころに残っている程度。その割に登山道が明るいのは、植林に間伐や枝打ちといった手入れが施されているからだろう。

　それもあって、ことのほか花も目に留まる。春にはハイノキ、コバノガマズミ、ヤブデマリ、ホオノキなどが目を楽しませてくれるし、足下にはシハイスミレやホウチャクソウ、アマドコロなども咲く。秋にはキッコウハグマの可憐な姿も見られる。

　さて、取りついたあと、しばらく植林の中の平坦な道が続き、右手に古いベンチを見る地点から左へカーブして丸太ステップの上りとなる。登りきったところが第一休憩所。ベンチがあり、左手に水辺公園からの道を合わせる。樹林の中、ひときわ高くそびえるホオノキの大木が印象的だ。

　次のポイントは第二休憩所で、開けたクヌギの植樹帯を通過し、小ピークを右に巻いて進むと分岐に出合う。左手は天拝山・大佐野山からきた道で、右を取って間もなく黒金山山頂に至る。

　そのすぐ先が沢ルートと尾根ルートの分岐。右が深山の雰囲気が漂う沢ルートで、いったん牛頸川に下って登り返す。左は尾根ルートで、大野城市と筑紫野市の境に明瞭な登山道が続く。二つの道は先

植林の中の黒金山山頂。通過点のような頂で、これといった特徴はない。

ハイノキの可憐な花。4月中旬ごろから登山道のあちらこちらを彩る。牛斬山では思いのほかたくさんの花に出会える。

牛頸山山頂。北側の展望が開けている。

三市町山も通過点のような頂だ。

沢ルートと尾根ルートの合流点。

で合流する。どちらを取っても構わない。

　合流点からは市境を北東へなぞって三市町山をめざす。この辺りから牛頸山にかけては、アップダウンに加えて平坦なヤセ尾根が多く、なんとなく四王寺山の土塁めぐりを彷彿させる。

　道なりに進むと、三市町山の手前で分岐が三ヵ所続く。最初は右を取り、次の分岐は左へ（右は古い作業道に出て黒金山へ）、三番目で右を取れば、わずかで三市町山山頂である。山名は大野城市、筑紫野市、旧那珂川町（現在は那珂川市）の境界に位置するからだと思われる。

　ここも三差路をなしており、左へ進む。左手の樹林越しに広い伐採地跡を見ながら北へ進路を変え、道なりにたどれば観音山分岐に出合う。

　牛頸山は間近だが、小ピークが多く、緩いながらもアップダウンを余儀なくされる。小ピーク上の分岐をすぎ、上りの途中にある分岐の先が三等三角点のある牛頸山山頂である。

　山頂標識、手作りベンチのほか、ノートを入れた箱、周辺山域の地図、おまけにおみくじまであって、なんとも賑やかである。展望は北側が開け、中央に福岡市街、北東に四王寺山や宝満山、北西に油山を望む。

　復路は北へ下るか、東へ下るかの二択だが、山頂からわずかに引き返して東へ下るほうが近道である。ロープを伝って下ると、花畑のような空間に出る。牛頸林道から分かれた古い作業道の終点で、ここから作業道をたどって牛頸林道をめざす。

　途中、牛留展望台、牛留広

牛頸林道合流点。奥の作業道から手前に下りてくる。右手に立派な石碑がある。

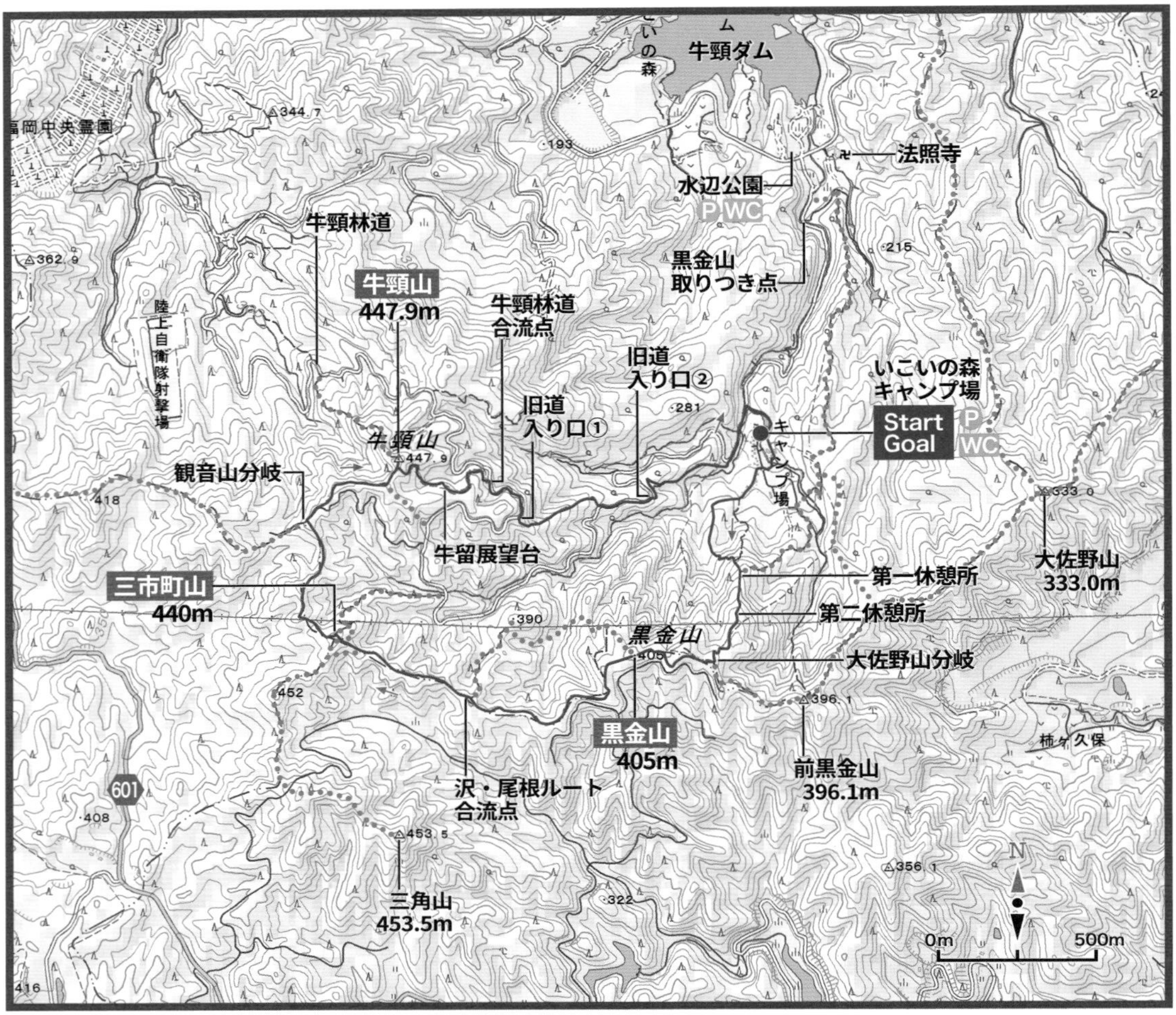

場をすぎ、「牛頸林道」と記された大きな石碑の横に下り立つ。あとはキャンプ場まで牛頸林道を下るだけだが、二本ある旧道(ショートカット道)を利用しよう。踏み跡は明瞭である。

［山行アドバイス］

①市街地に近く、アプローチもたやすいことから人気の高い縦走周回ルートである。しかし、地形は案外複雑で、分岐も多い。地図、GPSを駆使して歩こう。

②牛頸ダム南端の水辺公園から歩く場合は、いこいの森キャンプ場まで40分ほど見ておく必要がある。

牛頸林道の最初の旧道(ショートカット道)入り口。登山道はしっかりしている。

山行データ

■スタート地点　大野城いこいの森キャンプ場

■スタート地点の緯度経度とマップコード
33度28分20.59秒／130度28分50.53秒
マップコード＝419 192 209*87

■スタート地点と最高点の標高差　約230m

■歩行時間の目安　約３時間

■参考コースタイム
いこいの森キャンプ場～ 35分～第一休憩所～ 20分～黒金山～ 20分～沢・尾根ルート合流点～ 20分～三市町山～ 15分～観音山分岐～ 10分～牛頸山～ 5分～牛留展望台～ 5分～牛頸林道合流点～ 5分～旧道入り口①～ 20分～旧道入り口②～ 25分～いこいの森キャンプ場（往路：牛頸山まで＝２時間／復路：牛頸山から＝１時間）

■関係市町村
大野城市役所コールセンター＝092(501)2211

Route 10

三池山《みいけ》（388・0）〜鳴川山《なるかわ》（359）

大牟田市民が愛する臥龍梅と展望の山へ

■登山口＝大牟田市

三池山は大牟田市の東部にあり、古くは「今山岳」と呼ばれ、稜線上に鎮座する三池宮への参拝者が絶えなかったという。また、中腹には臥龍梅《がりゅうばい》で有名な普光寺、三池氏と藩の菩提寺、金毘羅宮、粟島堂などがあり、山全体が霊山の雰囲気を漂わせている。

幹は地面をのたうち、枝は天を指す普光寺の臥龍梅。見頃は2月中旬からで、小ぶりな可愛い花をつける。

北から南へ小ピークが連なり、裾野が広く、東西南北に登山口があって、人それぞれに違った楽しみ方ができる山である。ここで紹介するのは、普光寺を基点にできるだけ見どころをめぐって周回するルートである。

問題は、臥龍梅のシーズンには臨時駐車場が設けられるが、それ以外の季節には登山者用の駐車場がないことだ。強いて挙げるとすれば、椋谷《むくだに》橋の手前西側のスペースくらいで、地元の人はここに駐車している。だが、満車になることも少なくない。そこで、普光寺バス停から歩くことにする。

バス停から車道を歩き、まずは普光寺へ参詣しよう。見ごろを迎えた臥龍梅は一見の価値ありだ。境内を抜けてアスファルト道を南東にたどると、終点に小さな広場がある。ここが三池宮と三池山への取りつき点である。左手前をヘアピン状に入ってゆくと、三池宮に通じる参道ルート。

そして、目の前の大きな看板の裏から左へ登ってゆくのが、三池山へ最短で登頂できるマムシ谷ルート。ちなみに、直進する林道は先でマムシ谷ルートと合流する。マムシ谷ルートは大きな石や落ちた小枝の多い谷間の道だが、足の置き方に注意しながら登ってゆけば意外に早く山頂直下の鞍部、マムシ谷分岐に出られる。

三池山山頂には三等三角点と立派な山頂標識があるが、展望には恵まれない。先へ向かおう。正面に見える電波塔の立つピークには、「四の山茶臼塚山山頂」の標識が立つ。

さらに進むと、さえぎるもののない大展望が広がる。有明海と雲仙の山々、熊本県の小岱《しょうだい》山や荒尾市の街並み。茶臼草原と呼ばれる一帯は、毎年12月に野焼きが行われ、春には燃え残った枯れ草の間から野草が顔を出し、秋にはコスモスが一帯を覆い尽くす。

大きな看板「三池山案内図」の立つ分岐点を通過し、転げ落ちるように下って登り返せば「鳴川山」の山頂標識が立つピーク。眺めはよく、静かな

アスファルト道を登りきった分岐点に立つ「三池山案内図」。マムシ谷へは看板の裏側から左へ入ってゆく。

三等三角点のある三池山山頂。テーブルやベンチが設置されているが、樹林が育ち、展望は得られない。

2020年の豪雨でぎりぎり残った登山道を忠実にたどり、鞍部（マムシ谷分岐）をめざす。

茶臼草原に立つ大きな案内板は、南にある乙宮林道から登って来る際の目印になる。

鳴川山山頂標識。一帯はコスモス園になっていて、この山域で一番低いけれど、「お山のテッペン」感が味わえる。

鉄塔の先に広がる茶臼草原は、地元ボランティアによって毎年野焼きが行われている。テーブルとベンチがあり、有明海の展望がよい。正面は玉名市の小岱山。

二の山を越えて、三池宮へ向かう。登山道は東側が伐採されて明るい雰囲気になった。

乙宮林道の終点。ここから東屋のある鞍部に戻ってもいいが、急な坂を登り返したくないので林道を300メートルほど歩く。

雰囲気が味わえる。

南へ急な坂を下って、分岐を右に折れたらトイレのある乙宮《おとぐう》林道終点に出る。ここから林道を5分ほど歩いて、看板のある取りつきから登り返すと、先ほど通過した茶臼草原の大きな案内図のある分岐に出る。

再び三池山の頂からマムシ谷分岐へ戻って、大きな岩が点在する「二の山山頂」の標識を確認したら、ひと上りで展望広場に飛び出す。北東方面の展望が得られる休憩所として整備されている。ここは三池氏の居城、舞鶴城があった場所で、背後の高まりに氏神を祀る三池宮と、名の由来とされる三つの池がある。

三池宮からの下りは石段が二ヵ所。それを迂回するため展望広場から右を取ると、途中に荒平峠方面への分岐がある。幅の広い参道はくぼんでいて、途中右手に長田宮、八大龍王宮の展望広場がある。

すぐ下の鉄塔が見えている分岐から金毘羅宮への登山道に入る。これまでより道は細くなるが、踏み跡はしっかりしており、やがて大牟田市の街並みが見えてくる。

荒平峠方面との分岐に着いたら左へ下り、鉄塔の脇を通って竹林の中へ。薄暗く、狭くくぼんだ道の先にある分岐を左へ進むと、金毘羅宮の境内だ。竹林に囲まれた「今山金毘羅宮」は、1535年の創建である。本来なら有明海が展望できるこの場所で、海上の守護神を祀っていた。拝殿、神殿の装飾はとても細やかである。

やや傾きかけた石段を300段くらい下ると、平らな道が竹林の中に続いている。ほ

八大龍王宮の一段下がったところにある金毘羅宮への分岐。鉄塔周辺は地元ボランティアによって整備されている。

展望広場側から見た三池宮。名前の由来とされる三つの池は、社の一段下がった右側(北)にある。

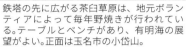

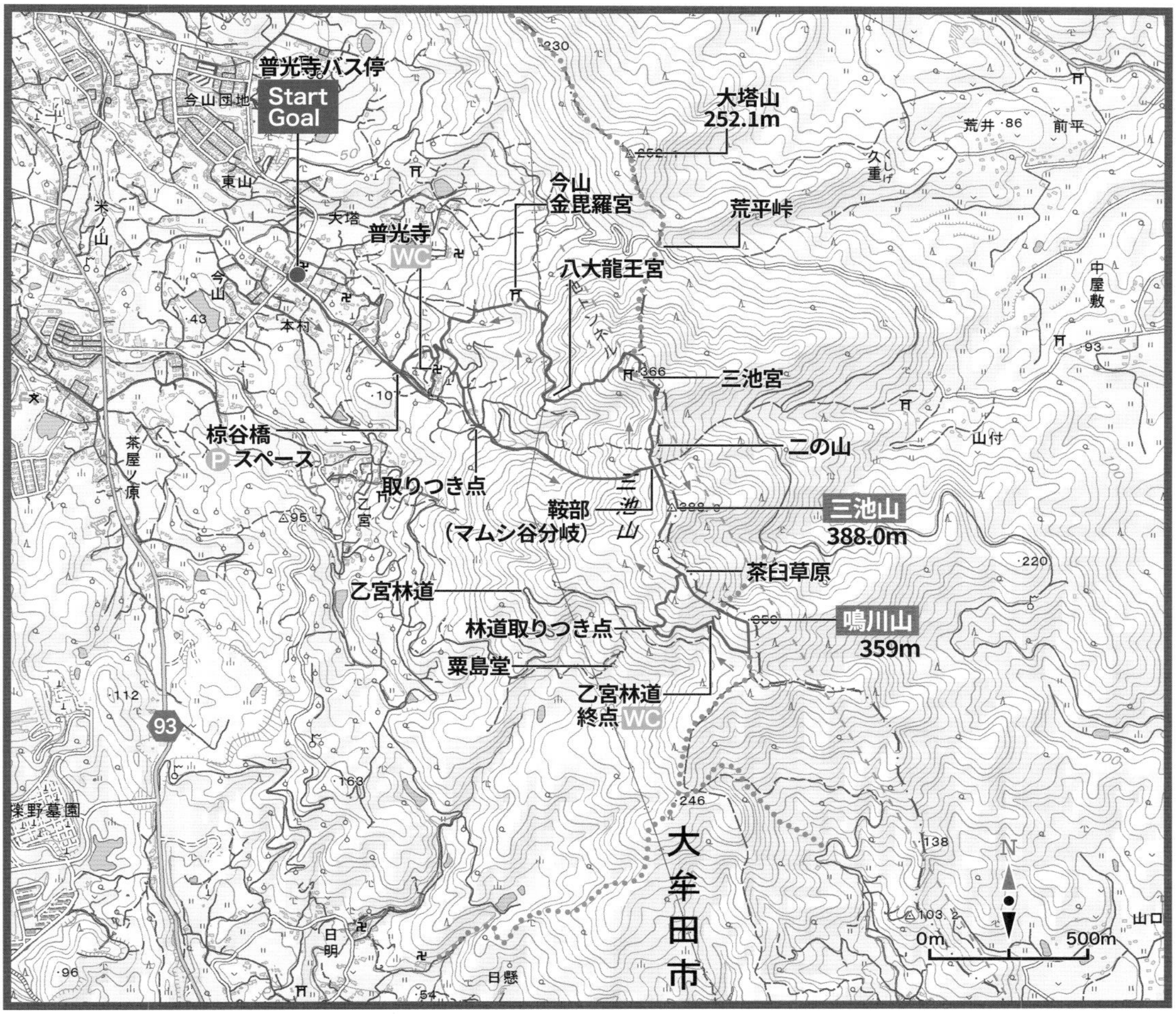

山行データ

■スタート地点　普光寺バス停

■スタート地点の緯度経度とマップコード
33度2分6.21秒／130度29分31.40秒
マップコード＝69 404 730*02

■スタート地点と最高点の標高差　約340m

■歩行時間の目安　約２時間40分

■参考コースタイム
普光寺バス停～10分～普光寺境内～30分～三池山～20分～鳴川山～10分～乙宮林道終点～5分～林道取りつき点～25分～三池山～6分～二の山～6分～三池宮～8分～金毘羅分岐～10分～金毘羅宮～20分～普光寺境内～10分～普光寺バス停（往路：鳴川山まで＝60分／復路：鳴川山から＝1時間40分）

■関係市町村
大牟田市農林水産課＝0944（41）2754

どなくして目の前が明るくなり、普光寺のアスファルト道に飛び出す。これが三池山の多数の見どころをめぐる周回ルートである。

【山行アドバイス】

①三池山に登山者専用の駐車場はない。地元の登山者は椋谷橋手前の車道脇の空きスペースに駐車している。万一満杯となっている場合は、普光寺の駐車場を利用する（２００円）。ただし、臥龍梅の開花時期（２月中旬～３月初旬）には止められない場合もある。

②２０２０年の豪雨災害で登山道が荒れているところがある。慎重に歩こう。

③三池宮からは、荒平峠・八角目峠を経て大間山《だいま》（２２５・２）へ縦走できる。ちなみに大間山の登山口である三池公園の最寄りの駅は銀水駅。参考タイムは以下の通り。

　三池宮～22分～荒平峠～10分～大塔山《おおとう》（２５２・１）～35分～八角目峠～18分～大間山＝１時間25分。

低山の難度について

2019年末から始まった新型コロナウイルスの流行によって、私たちの日常生活は大きく変貌した。マスクの常時着用はもとより、緊急事態宣言、まん延防止等重点措置の相次ぐ発令によって不要不急の外出を避ける自粛生活を余儀なくされる事態になった。そうした中、一躍脚光を浴びたのが身近で楽しむ山登り、キャンプ、釣りといったアウトドアである。

山に関していえば、県境をまたぐことへのためらいもあって、身近な低山に登る人が増えた。そして、残念ながら遭難事故も同時に増えたという報告がある。一般に難度は高峰になるほど高いと思われがちだが、実際はそうとも言えない面が多々ある。本書で取り上げた500メートル未満の低山を念頭に置き、その点について触れたいと思う。

警察庁が毎年６月に発表する「山岳遭難の概況」によれば、例年事故の要因として最も多いのは道迷い遭難である。最新の2020年度を例に取ると、道迷い44％（38.9％）、滑落15.7％（16.5％）、転倒13.8％（16.8％）。括弧内は前年度分で、滑落、転倒は減少しているのに、道迷いは増えている。

その理由としては、前述したように低山に登る人が増えたからだといわれている。つまり、道迷い遭難は低山のほうが圧倒的に起こりやすいのである。道に迷ったものの、自力でリカバリーしたといった遭難一歩手前の「ヒヤリ・ハット」は、統計に含まれていない。それらを加えると、道迷いの件数はずっと多いものと思われる。

では、なぜ道迷い遭難は低山に多いのだろうか。それは、低山にはメインの登山道のほかに枝道が多く、それに加えて林道、作業道、遊歩道、農道、古い生活道などが入り組んでいるからである。中には地元の山への愛着が高じて、勝手に新しい道を拓いたり、せっかく蛇行している登山道に直線的なショートカット道を作ったりといった例もある。

本書で取り上げた500メートル未満の山にもそうした傾向は顕著。それからすると、「低山だから難度は低い」とは言えない。そもそも100％安全な山などないのだから、気軽に登れる低山ではあっても万全の装備で臨み、道迷いしない対策を立てておく必要がある。

その具体的な手立てについては、72ページの「column 2」を参照していただきたい。

左右にも奥にも道。道が多いほど分岐が増え、道迷いしやすくなる。道標が立っているところはまだいいが、低山には道標のない分岐も多数ある。

Chapter 3

歴史の舞台を歩く

低山は山城跡だらけ。
時間に埋もれゆく歴史の一端に触れる。

Route 11

馬《うま》ヶ《が》岳（216）

黒田官兵衛が居城した山城跡は展望抜群

■登山口＝行橋市

行橋市とみやこ町の境界にこんもりと並び立つのが馬ヶ岳と御所《ごしょ》ヶ《が》岳である。御所ヶ岳は別項に譲ることにして、黒田官兵衛の居城として知られる歴史の舞台、馬ヶ岳を訪ねてみよう。

登山口は行橋市の大谷地区とみやこ町の二児神社にあるが、メインは大谷側だろう。大谷側には駐車場が二ヵ所ある。どちらをスタート地点にしてもよいが、ここでは数十台は楽に置ける西谷駐車場からのルートを案内する。

駐車場を背にすると、左手にリレーセンターみやこ処理場があり、その角から右折する。左右に溜め池を見て進み、馬ヶ岳を示す案内板のある四差路を直進。堀切跡とおぼしき尾根通しを抜けると、右手に畝状竪堀群《うねじょうたてぼり》入り口を示す道標を見る。復路はここに下りてくる。

広い西谷駐車場。奥は三角池。反対側に馬ヶ岳へのルートを示す案内板がある。

取りつき点（大谷登山口）は、初めて登る場合でも分かりやすい。そばに簡易トイレがある。

取りつき点（大谷登山口）はその先で、案内道標が賑やかに立ち並び、その前に簡易トイレが設置されている。入山すると、しばらく平らな道が続く。周囲の樹林はヒサカキやクロキが目立ち、足下は硬く踏まれている。

やがて階段に変わり、この先、比較的階段が多くなる。樹林の中を緩く登ると右手に溝状の道を合わせ、「馬ヶ岳城跡の土塁と畝状竪堀群」の説明板を見る。本ルートのポイントの一つで、復路に溝状の道を下る。

その先、階段が続き、タブノキを一本見て分岐に出合う。左は小ピークの展望台。右は巻き道で、シダに覆われているが、歩くに支障はない。

ここは左を取って展望台に立ち寄っていこう。登ること数分で大岩のある展望台に立ち、行橋市街地を眼下に収める。振り返ると、平らに均《なら》された二ノ丸跡が間近に迫る。

展望を楽しんだらいったん南へ下り、右手に巻き道を合わせると、二ノ丸跡へ続く長い階段が始まる。辛抱のしどころだ。途中、右手に二ノ丸跡を迂回するトラバース道を見て、息が上がり始めるころ、前方が開けて広々とした二ノ丸跡へ飛び出す。

四等三角点のある広場は開放的で居心地がよい。北側に

二ノ丸跡へ向かって長い階段が続く。このルートの正念場である。

展望台分岐。往路は左へ登り、復路は右手の巻き道を下りてくるといい。

展望台からは行橋方面の眺めがよい。

二ノ丸跡からの展望と古い石祠。「貫神」という文字が見える。右手奥にのぞく平尾台の貫山となにか関係があるのだろうか。

「貫神」と刻まれた古い石祠があり、その向こうに平尾台の山並みが広がる。つい長居したくなるが、西へ下って山頂をめざそう。

馬ヶ岳山頂。新田義基の名を刻んだ大きな石碑のせいか、二ノ丸跡より狭く感じる。

二ノ丸跡と馬ヶ岳山頂をむすぶ樹林の回廊。春先はヤブツバキが美しい。途中に分岐が二ヵ所ある。

畝状竪堀群へ続く道は、最初は荒れた感じだが、次第に明瞭になる。

二ノ丸跡と山頂の間は平らな道で結ばれており、短い間に道を二つ分ける。最初は、右手（北）にある二ノ丸跡を巻くトラバース道で、道標はない。次は左手（南）にある二児神社から上がってきた登山道である。

山頂はそこから数分のところ。登り上がると、大きな石碑が目に飛び込んでくる。そのせいか二ノ丸跡より狭く感じる。昔は茂る樹林が山頂を取り囲んでいたが、いつのころか展望をよくするために丸裸にされてしまった。しかし、木々は再び勢いを取り戻そうとしている。

ひと息入れたら、二ノ丸の手前で左手（北）のトラバース道を通ってポイントである畝状竪堀群分岐まで往路を戻り、左を取る。溝状にえぐれた道は落ち葉が溜まりやすく、一見荒れているように見えるが、問題なく歩ける。

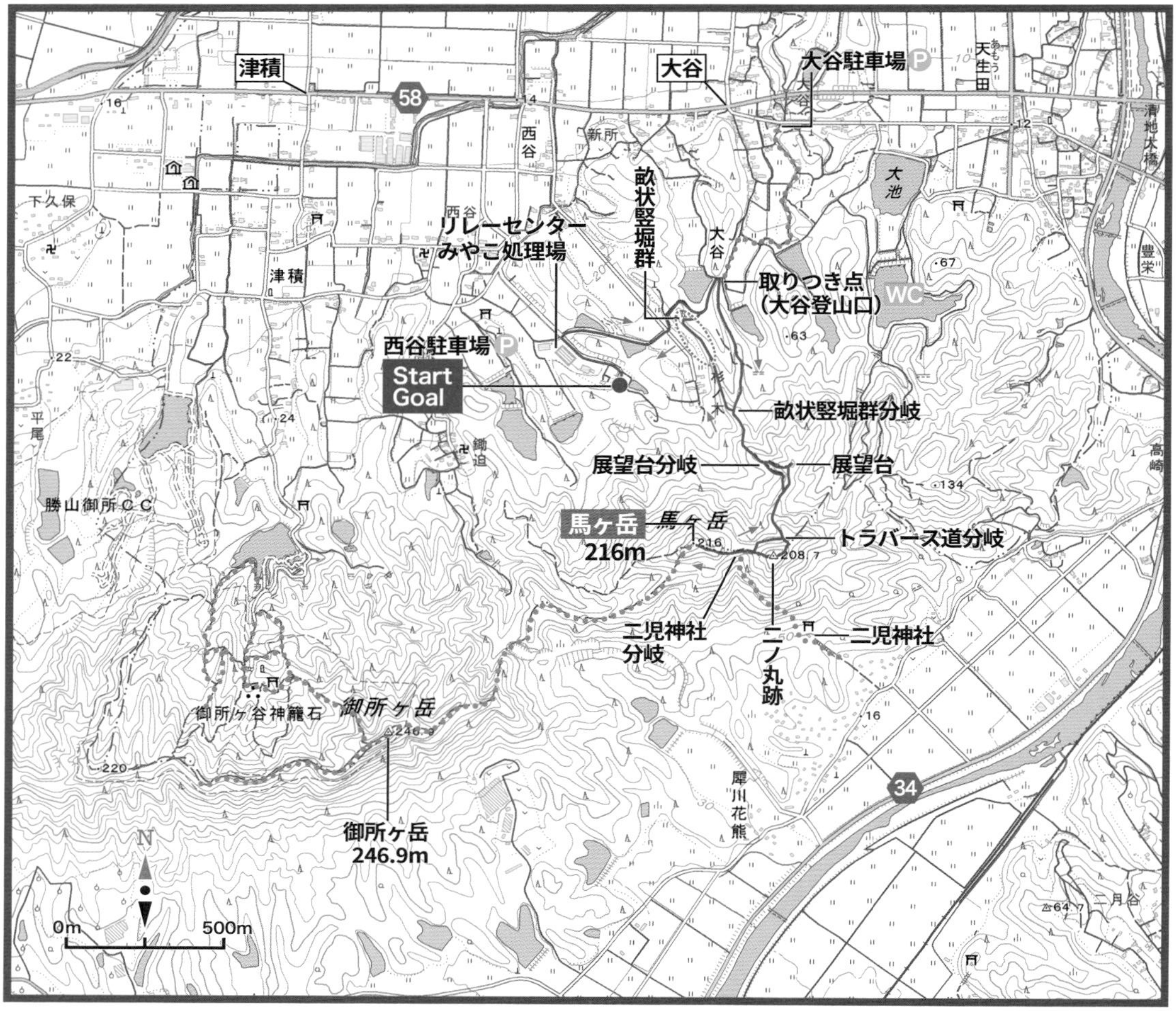

道なりにぐんぐん下り、虎《こ》口《ぐち》を経て解説板の先から右へ下れば、往路の道標の立つ舗装路に出る。この下り口が若干分かりにくい。解説板を背にして、北へわずかに進んだ右手である。

【山行アドバイス】

①西にある御所ヶ岳との縦走も可能だが、周回するには長い車道歩きを余儀なくされる。

②みやこ町側の二児神社からは、ゆっくり登っても片道50分ほど見ておけばよい。車は二児神社の駐車場に止めさせてもらう。ちなみに、「二兒神社」という表記もある。

畝状竪堀群の解説板。向こう側から下りてきてそのまま直進し、この解説板を背にして右へ下る。

山行データ

■スタート地点　西谷駐車場

■スタート地点の緯度経度とマップコード
33度41分0.78秒／130度56分37.30秒
マップコード＝96 653 585*16

■スタート地点と最高点の標高差　約185m

■歩行時間の目安　約２時間

■参考コースタイム
西谷駐車場～ 20分～取りつき点（大谷登山口）～ 15分～畝状竪堀群分岐～ 15分～展望台～ 15分～二ノ丸跡～ 5分～馬ヶ岳～ 5分～巻き道分岐～ 10分～展望台分岐～ 10分～畝状竪堀群分岐～ 10分～畝状竪堀群～ 15分～西谷駐車場（往路＝１時間10分／復路＝50分）

■関係市町村
行橋市教育委員会文化課＝0930（25）1111

Route 12

障子ヶ《しょうじが》岳（427・3）

往時の姿をくっきり残す貴重な山城跡へ

■登山口＝みやこ町

ＪＲ採銅所駅のそば、国道３２２号を挟んで西の香春《かわら》岳と対峙する屏風のような山塊がある。その南端のピークが障子ヶ岳である。１３３６年ごろに築かれたといわれる山城跡で、南北に延びる稜線は香春町とみやこ町の境界を成している。

登山口は北の味見峠、西の香春町宮原、東のみやこ町に勝山宮原と上野の四ヵ所があるが、駐車スペースが容易に確保できるのは味見峠と勝山宮原である。最短は味見峠からのルートだが、いささか物足りない。

ここでは、山麓に福岡県の天然記念物に指定されている「千女房のヤマザクラ」がそびえる勝山宮原から往復するルートを案内しよう。

近くにある勝山運動公園に広い駐車場とトイレがあり、登山口にふさわしい。駐車場

障子ヶ岳の山麓にそびえるヤマザクラの巨木、千女房のヤマザクラ。

勝山運動公園から西進すると、道標の立つ三差路に出合う。左折して車道を道なりに進む。

取りつき点を示す道標は、朽ちて地面に置かれていた。

トラバース道に入ると、左手の崩れた箇所がある。ここだけは慎重に通過しよう。

から車道を西へ取り、「千女房の山桜」の案内道標を見て民家の間を進むと、三差路の角に「障子ヶ岳城址登り口」という道標がある。左折して林道を道なりに詰めると、右手にヤマザクラの大木が見えてくる。

これが千女房のヤマザクラ。樹齢約300年、樹高19メートルを誇る。枝ぶりがよく、満開時の姿は見事というほかない。シーズンにはたくさんの花見客で賑わう。

その前を通り、イノシシ避けのゲートを抜けて舗装林道を緩く登ってゆくと、カーブ付近の左手に取りつき点がある。かつては道標が立っていたが、2021年3月に訪ねた際は倒れて地面に置かれ、目立たなくなっていた。通りすぎないよう注意しよう。

ここから鬱蒼とした照葉樹林の中をたどる。歩き始めは溝状の道で落ちた小枝や枯れ葉が積もり、やや荒れた雰囲気が漂っているものの、間もなくすっきりした道になる。

溝状の道を抜けると、狭い尾根の急登に差しかかる。だが、登山道は緩く蛇行してつけられており、さほどきつくはない。樹林は美しく、木洩れ陽の射す道は心地よい。

傾斜が緩み、南西へトラバースすると、クヌギの点在する平らな尾根に変わる。道なりに進み、浅い谷へ下りてそのまま詰めてゆけば、稜線に出て味見峠からの道を合わせる。その付近にもヤマザクラが数本立っている。

左を取り、稜線を南へ進む。小ピークが連続するが、登山道はこれ以上ないほど硬く踏まれており、子ども連れでも安心して歩ける。

こんもりとした小ピークにある砦跡を二ヵ所通過（巻き道もある）し、ソメイヨシノが植樹された遊歩道のような道をたどって鞍部へ下ると、左手に上野から上がってきた道を合わせる。

その先に急登が控えているものの、距離は短い。ひと上りで北ノ丸と山頂との鞍部、空濠《からぼり》跡に出る。一気に視界が開け、草付きの台地が眼前に広がり、気分は爽快である。広々とした展望を楽しみながら馬場跡、二ノ丸跡を経て一段小高い山頂（本丸跡）へ。

南端の土塁の上に三等三角点があり、その手前に山頂標識が立っている。展望はことのほか雄大で、貫《ぬき》山、竜《たつ》ヶ鼻、

馬場跡から二ノ丸跡、本丸跡（山頂）を望む。山城の跡が今なおくっきり残っていることに驚く。山頂周辺からの眺めは雄大だ。

稜線歩きはことのほか快適だ。千女房のヤマザクラが咲くころには、ヤブツバキやスミレ類も目を楽しませてくれる。

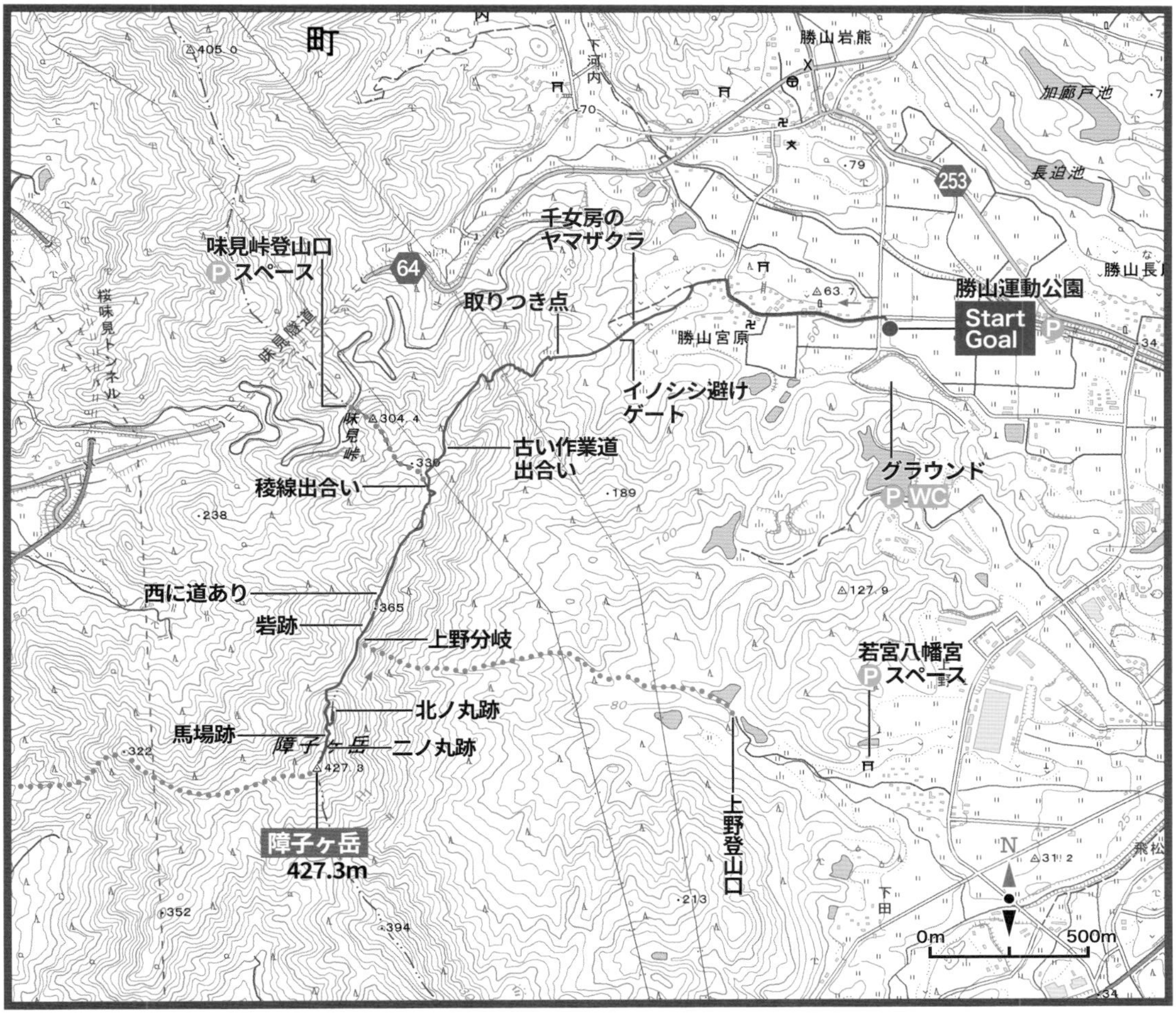

山行データ

■スタート地点　勝山運動公園

■スタート地点の緯度経度とマップコード
33度42分17.20秒／130度53分36.93秒
マップコード＝96 737 165*37

■スタート地点と最高点の標高差　約380m

■歩行時間の目安　約2時間40分

■参考コースタイム
勝山運動公園～ 15分～千女房のヤマザクラ～ 5分～取りつき点～ 30分～稜線出合い～ 20分～上野分岐～ 15分～障子ヶ岳～ 10分～上野分岐～ 20分～稜線出合い～ 25分～取りつき点～ 5分～千女房のヤマザクラ～ 15分～勝山運動公園（往路＝1時間25分／復路＝1時間15分）

■関係市町村
みやこ町観光まちづくり課＝0930（32）2512

福智山、牛斬山《うしきり》、香春岳、大坂山、馬ヶ岳、御所ヶ《ごしょが》岳などを望み、遠く東には豊前の海が輝いている。

　土塁の上から四方を睥睨《へいげい》すると、山城を築くのに格好の場所だったことが分かる。広く平らな山頂でひとしきりくつろいだら、往路を戻ろう。

［山行アドバイス］

①特に危険なところもなく、安心して歩ける。強いて挙げれば、南西へトラバースする地点くらい。左手の斜面が崩れかけており、ロープが張られている。

②四季折々いつ登ってもいいが、ベストシーズンは千女房のヤマザクラが咲く3月中旬から下旬にかけてだろう。その時季、稜線に多いヤブツバキの花も楽しめる。そのほか、タチツボスミレやシハイスミレも微笑んでくれる。

③山頂から上野登山口へ下って勝山運動公園へ周回する手もあるが、長い車道歩きが難点である。

Route 13

許斐山《このみ》（270・9）～尾立山《おたて》（240）

好感度トップクラスの山城跡

■登山口＝宗像市

許斐山山頂。二等三角点、山座同定盤がある。さして広くないため、昼食は東直下の小屋周辺や馬場跡でとるとよい。

宗像市には登山者の姿が絶えない低山がいくつかあるが、城山と並んで高い人気を誇るのが福津市との市境に座る許斐山である。

まずは概略を説明しておくと、登山口は宗像市と福津市にそれぞれ二ヵ所ずつ、都合四ヵ所あり、それぞれ山頂に向かってルートが延びている。宗像市側の王丸登山口から王丸本道、王丸西登山口から宗像尾根道(別名らくらくコース)、福津市側の吉原登山口から八並本道、八並東登山口から福間尾根道の4ルートである。

王丸本道と八並本道は階段が多く、あとの二本は階段は少ないが、やや歩く人の少ない印象がある。ちなみに福間尾根道には千歩山、尾立山というピークがある。

健脚向きとして、王丸登山口から登って八並東登山口に下り、吉原登山口から登り返して王丸西登山口に下れば、途中やや長い車道歩き(八並東～吉原間)はあるものの、8の字周回も可能。とはいえ、それはあくまでも健脚者やトレーニング向け。

ということで、最も人気の高い王丸登山口から王丸西登山口へ周回するルートを紹介しよう。

このみ公園(王丸登山口)の駐車場とトイレ。14～15台は止められるが、満車になることも多い。

国道3号王丸交差点から南へ入り、突き当たりを右折してすぐ左手にトイレを備えたこのみ公園の駐車場がある。ここが王丸登山口。トイレの裏側に小さな沢が流れており、これに沿って登る(公園横の舗装路を歩いてもよい)。

間もなく舗装路に出て、そのまま道なりに登ってゆくと民家が途切れ、前方に巨大な砂防堤を見る。その手前右手の急な階段は、許斐神社に通じている。参拝してゆくのもよかろう。

左を取って右岸に渡り、急な階段を登って砂防堤の脇を抜けると、竹林に変わる。ほどなくして熊野宮の古い鳥居

王丸本道をたどる登山者。階段の多いルートだが、ベンチが置かれた平坦地もある。

をくぐる。沢から尾根に踏み換える辺りから急な上りが始まり、階段が続く。登山道はジグザグ気味につけられており、急な上りの途中にはベンチが二ヵ所設けられている。

ベンチの先にある分岐は、どちらをとっても山頂へ通じている。道なりに右を取るほうが近く、左は喜平杉、馬場跡を経由して山頂へ至る。個人的には、平らで大木が点在する馬場跡へ出るときの開放感が心地よく、左をおすすめしておく。

馬場跡から山頂はすぐで、右手に小屋（記帳所）を見て石仏が三体並ぶ山頂に飛び出す。山頂自体はさして広くなく、登山者が多い際のランチは小屋のある広場、馬場跡などでとるといい。

登山口から山頂まで迷うところはほとんどないが、山頂周辺は枝道と分岐が多く、初めての場合は戸惑うかもしれない。宗像尾根道を下って王丸西登山口へ出るには、山頂と馬場跡の間から南へ下り、金魚池を経由すると分かりやすい。

金魚池を右手に見て、次の吉原／八並東分岐で左を取って下る。その先で吉原登山口から上がってきた道を右手に合わせると、八並東分岐に遭遇する。

変則四差路になっており、ポイントとの一つと言える地点だ。直進すれば尾立山へ。右は尾立山の西を巻くトラバース道。左が王丸西登山口へ下る宗像尾根に続く道。ここは直進して尾立山の頂を踏み、そこから東へ下って宗像尾根道に出ることにしよう。

尾立山は平頂ながらシイやシロダモの大木が点在し、とても雰囲気のいいところである。許斐山を訪ねる際はぜひ併せて登ってほしいと思う。

宗像尾根道は硬く踏まれており、特別急な下りも少なく、とても歩きやすい。自然林の中をぐんぐん下れば、標高160メートル辺りからヒノキ林に変わる。

小ピークを一つ越えて下り、右手に鉄塔を見た先で作業道に合流する。ヒノキ林の下り

金魚池を右手に見て進み、次の吉原／八並東分岐で左折して尾立山へ。

許斐山山頂からの展望。左は湯川山、右は孔大寺山。その奥に海がわずかにのぞく。

縦に長い平坦地、馬場跡。喜平杉を経て上がってくるときの開放感がいい。

尾立山から宗像尾根道（らくらくコース）を下る。右手はほとんどヒノキの植林である。

平頂ながら巨木が多く、渋い輝きを放つ尾立山山頂。登山客で賑わう許斐山山頂とは異なり、いたって静かである。

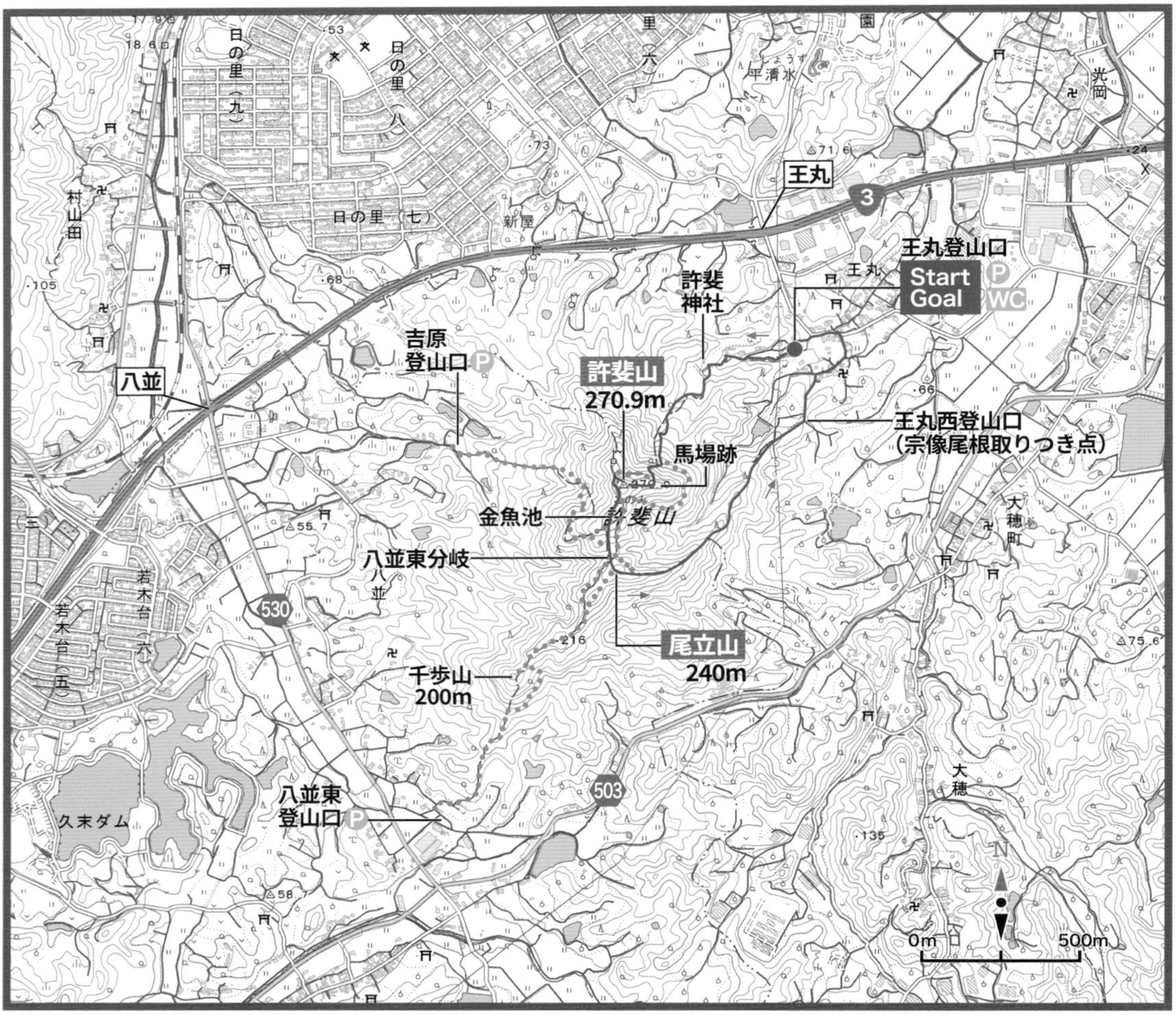

がさらに続く中、ヤブツバキの大木やイヌガシの木などを見る。作業道に出たら左を取り、次の分岐で右を取って舗装路をたどれば、このみ公園の駐車場は近い。

［山行アドバイス］

①いつ登って登山者の姿が絶えない人気の山である。それだけに登山道、道標ともに整備され、安心感がある。ビギナーやファミリーハイクにおすすめである。

②山頂周辺は枝道が多く、それゆえ分岐も多数ある。分岐に出合ったら、地図やGPSアプリで進路を確認しよう。

王丸西登山口（宗像尾根の取りつき点）。右手から下りてきて左を取り、王丸登山口へ戻る。

山行データ

■スタート地点　王丸登山口（このみ公園）

■スタート地点の緯度経度とマップコード
33度46分49.17秒／130度32分42.58秒
マップコード＝68 395 200*42

■スタート地点と最高点の標高差　約210m

■歩行時間の目安　約１時間35分

■参考コースタイム
王丸登山口～ 5分～許斐神社～ 30分～許斐山～ 10分～金魚池～ 10分～尾立山～ 30分～王丸西登山口（宗像尾根取りつき点）～ 10分～王丸登山口（往路：尾立山まで＝55分／復路：尾立山から＝40分）

■関係市町村
宗像市商工観光課＝0940（36）0037

Route 14

笠置山《かさぎ》（425・1）

深山の雰囲気漂う味わい深いルートをゆく

■登山口＝宮若市

笠置山は、宮若市と飯塚市の境界に位置している。山頂から四方に延びる尾根は幾筋もの深い谷を刻み、低山ながら深山幽谷の雰囲気を漂わせている。

山頂は山城跡で、1330年ごろに築城されたのではないかといわれる。宗像氏の家臣占部宗安が居城し、その後秋月氏の手に移り、豊臣秀吉の九州平定の際に廃城になったと伝わる。

宮若市からも飯塚市からも登れるが、駐車場とトイレが整備されている宮若市の千石《せんごく》峡からの登路が人気である。千石峡沿いには河川公園やキャンプ場があり、車は随所に止められる。ここでは千石峡右岸のトントン井堰《いせき》広場をスタート地点としよう。沢のそばでは、ときにカワセミを見ることがある。

千石峡の右岸にあるトントン井堰広場。トイレもあるが、使うには勇気がいる。

千石キャンプ場の先にある取りつき点。入山すると、すぐ竹林になる。

トントン井堰広場から右手に千石峡の清流を見ながら進み、左手に千石キャンプ場を見た先の三差路が取りつき点だ。小さな谷間の道で、夏場は草が茂って分かりにくいことがある。

沢に沿って竹林の中を南西にたどり、進路を南に変えると、間もなく植林帯の鞍部に至る。そこから沢の左岸上部をトラバース気味にゆっくり高度を上げてゆくと自然林に変わり、左手の視界が開ける。

樹林のトンネルを抜け、右手に炭焼き窯跡を見て進むと、やがて水流のある小沢に接近する。沢は岩の多いミニチュアの渓谷ふうで、渋い趣がある。辺りは昼間でも薄暗く、山深さを実感するところだ。

小沢を二度渡渉し、沢に沿って鬱蒼とした樹林の中を南

整然と立ち並ぶスギ林の中を東へたどる。植林だが、なぜか記憶に残る場所だ。足下は平らで歩きやすい。

左手の視界が開けたあと、樹林のトンネルを抜けると小沢に遭遇する。

山城跡だけあって、平坦で広い笠置山山頂。自然林に包まれており、吹き抜ける風は清々しい。

東へ登る。九電の鉄塔巡視路を左右に見送り、平坦な植林帯を北東へ進む。整然と並ぶスギは背が高く、植林帯にもかかわらず、すっきりとした印象だ。

間もなく右手に大山集落からの道を合わせ、照葉樹林に覆われた尾根に乗って、いよいよ最後の上りにかかる。ここからが踏ん張りどころだ。距離は短いが、けっこうな急登である。しっとりとした照葉樹の森を楽しみながら、ロープの助けを借りてゆっくり登ろう。最後のひと上りで視界が開け、二等三角点のある山頂の一角に飛び出す。

山城跡だけに山頂は広くて平ら。周縁部に笠木城址の解説板と石祠、山頂標識がある。アカガシやイヌシデの大木がそびえ立ち、落ち着いた雰囲気が漂う。のんびりするにはうってつけである。

かつては樹林に包まれて展望はわずかだったが、周囲の木が伐り払われて、南に英彦山、東に福智山などが見えるようになった。展望をおかずに昼食をとり、ひと息入れたら往路を忠実に戻ろう。

周回する場合は、北東にある二ノ丸跡を経て尾根をたどり、北側にある千石登山口をめざす。ただし、思いのほかハードで、迷いやすいところもある。また、下山後もいさ

進路を北東へ変えたあと尾根に乗る。周囲は鬱蒼とした照葉樹林である。

笠置山山頂の解説板と古い石祠。

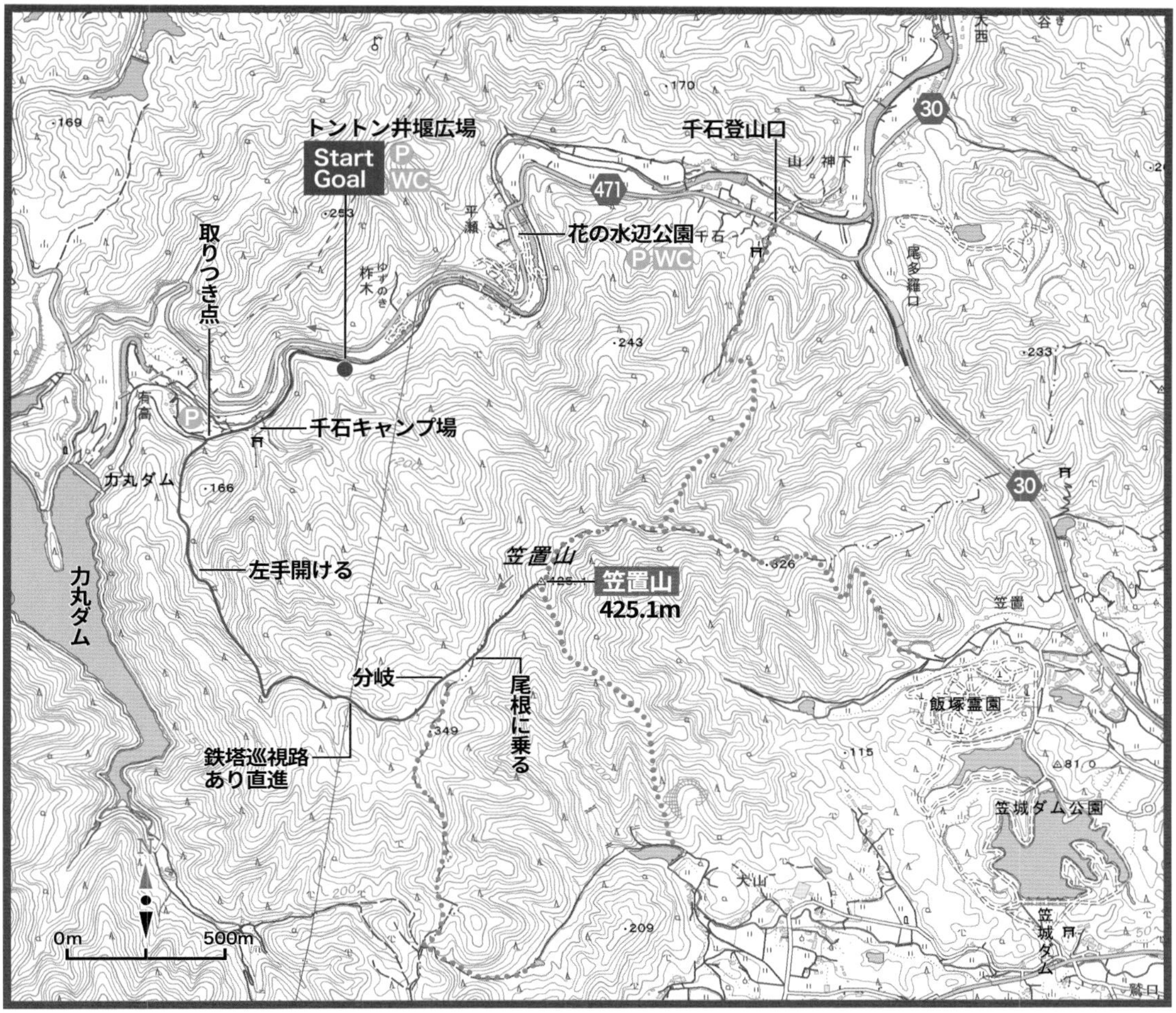

さか長い車道歩きが待っている。周回する際は心してかかりたい。また、その場合は花の水辺公園をスタート地点にするとよい。

［山行アドバイス］

①植林も多いが、自然林も残っており、それらが渾然一体となって深山の面持ちをたたえている。実際に山深く、単独行はなるべく控えたい。登山道、道標は整備されている。

②千石キャンプ場の開設期間中（例年7月初旬〜10月初旬。年によって変わる）は、トントン井堰広場から取りつき点までの車道は一方通行になる。

花の水辺公園。周回する場合は、ここをスタート地点にするといい。トイレもきれい。

山行データ

■スタート地点　トントン井堰広場

■スタート地点の緯度経度とマップコード
33度41分34.3秒／130度38分7.49秒
マップコード＝68 076 674*07

■スタート地点と最高点の標高差　約375m

■歩行時間の目安　約２時間30分

■参考コースタイム
トントン井堰広場〜15分〜取りつき点〜35分〜鉄塔巡視路〜15分〜尾根に乗る〜15分〜笠置山〜25分〜鉄塔巡視路〜30分〜取りつき点〜15分〜トントン井堰広場（往路＝１時間20分／復路＝１時間10分）

■関係市町村
宮若市産業観光課＝0949(32)0519

Route 15

高祖《たかす》山（416）〜鐘撞《かねつき》山（314・3）

古代と中世の遺構を宿す二座を歩く

■登山口＝糸島市

鐘撞山は好展望の頂である。博多湾の向こうに連なるシルエットは、宗像四塚である。

叶岳(12ページ)の項で紹介したように、高祖山は福岡市の西部にあるこんもりとした山塊の一峰である。山頂の西斜面には8世紀に築かれた古代中国式山城、怡土《いと》城の遺構が散在している。13世紀に入り、その一部を利用して山頂周辺に築城されたのが高祖城で、当地を治めていた原田氏の手によると伝わる。

尾根続きの叶岳、高地山とセットで語られることが多いが、ここでは北にある三等三角点ピーク、鐘撞山との縦走周回にスポットを当て、古代から中世を経て今に残る山城跡を訪ねてみよう。

登山口は、糸島市の高祖神社。県道56号から東へ入った山麓にある。スペースの都合で詳述はできないが、怡土郡の惣社《そうじゃ》として昔から崇敬《すうけい》されてきた格式のある神社で、毎年4月と10月に開かれる神楽は有名である。駐車場、トイレが整備されており、ここからスタートする。

駐車場から舗装路を北東へ登ってゆくと、案内板の立つ取りつき点が左手にある。植林の中を登り、やがて未舗装林道に出合って、これを横断する。この先、稜線に合流するまで一本道。迷うところはない。

緩やかに高度を上げてゆき、尾根の形が明瞭になるころ、平坦地にたどり着く。一ノ坂礎石群で、怡土城の遺構の一つといわれる。高祖神社と高祖山を結ぶ行程の中間点に当たり、登山道は斜度を増すものの、周囲は心地よい自然林に変わり、気持ちのよい山歩きを楽しめる。

そこから１００メートルと少し標高を稼ぐと、ベンチの置かれた展望所に出合い、稜線合流点まであと標高差70メートル足らずである。ゆっくり歩を進め、傾斜が緩んだら稜線の三差路に出る。高祖城の一角、下ノ城址である。

右(東)を取り、緩く下って平坦な小広場に出ると、奇怪な樹肌を持つイヌシデの大木が出迎えてくれる。周囲の樹林は美しく、思わず深呼吸したくなるような場所だ。

山頂はそこからすぐのとこ

スタート地点の高祖神社。駐車場は向かって右手と一段下がった地点の二ヵ所。

取りつき点を示す立派な案内道標。歩き始めは植林の中だが、一ノ坂礎石群付近から自然林に変わる。

ろ。高地山へ続く縦走路から右へひと上りすれば、木立ちに囲まれた静かな平頂に到着する。一陣の風が吹き抜けるようなのどかな空間は、つい長居したくなることだろう。樹間に脊振山系の山並みを眺めながらひと息入れよう。

　しばらくくつろいだら、往路を下ノ城址まで戻り、鐘撞山をめざす。北へ道なりに下ると間もなく平坦になり、その後は緩やかな下りが続く。自然林の中の素敵なプロムナードである。

　328標高点をすぎると、左手に東谷への分岐を二つ分け、次の第一望楼跡分岐から右へ折れる。緩く下って登り返したピークが、三等三角点のある鐘撞山山頂である。

　狭いが、展望は抜群。北の玄界灘を望む景色がとりわけ素晴らしい。高祖山や叶岳の陰に隠れて目立たないけれど、頂に立つ喜びを実感させてくれるピークである。

　さて、復路は東谷分岐まで戻り、右（西）を取ってなだらかな尾根を下る。鞍部の高祖東谷へ下りたら、南へ進路を変えて急な階段を下る。狭い谷間へ下り立ち、そこから道なりに南へ。この辺りはやや荒れた雰囲気が漂っているが、問題なく歩ける。

　渡渉し、南西に進路を変えてすぐ簡易舗装の林道に出る。あとは道なりに下り、左手に妙立寺を見て如意《ねおい》の集落に出る。ここから生活道を通って高祖神社に戻る手もあるが、農道をたどってショートカットする。

　右手に防火水槽を見てすぐ左折し、次の谷間の三差路で左を取って畑地を抜ける。突き当たりを右折して下り、次の三差路で左折すれば、高祖

標高320メートル付近にある展望所。稜線まで残すところ約70メートルの上りである。

高祖山の山頂標識と糸島市が設置した山ナビＢＯＸ。

小広い高祖山山頂の南端から望む脊振山系のシルエット。福岡県の登山者には、しっとり胸になじむ眺めだろう。

下ノ城址から東へ一段下った小広場に出ると、奇怪な樹肌を持つイヌシデの大木が出迎えてくれる。

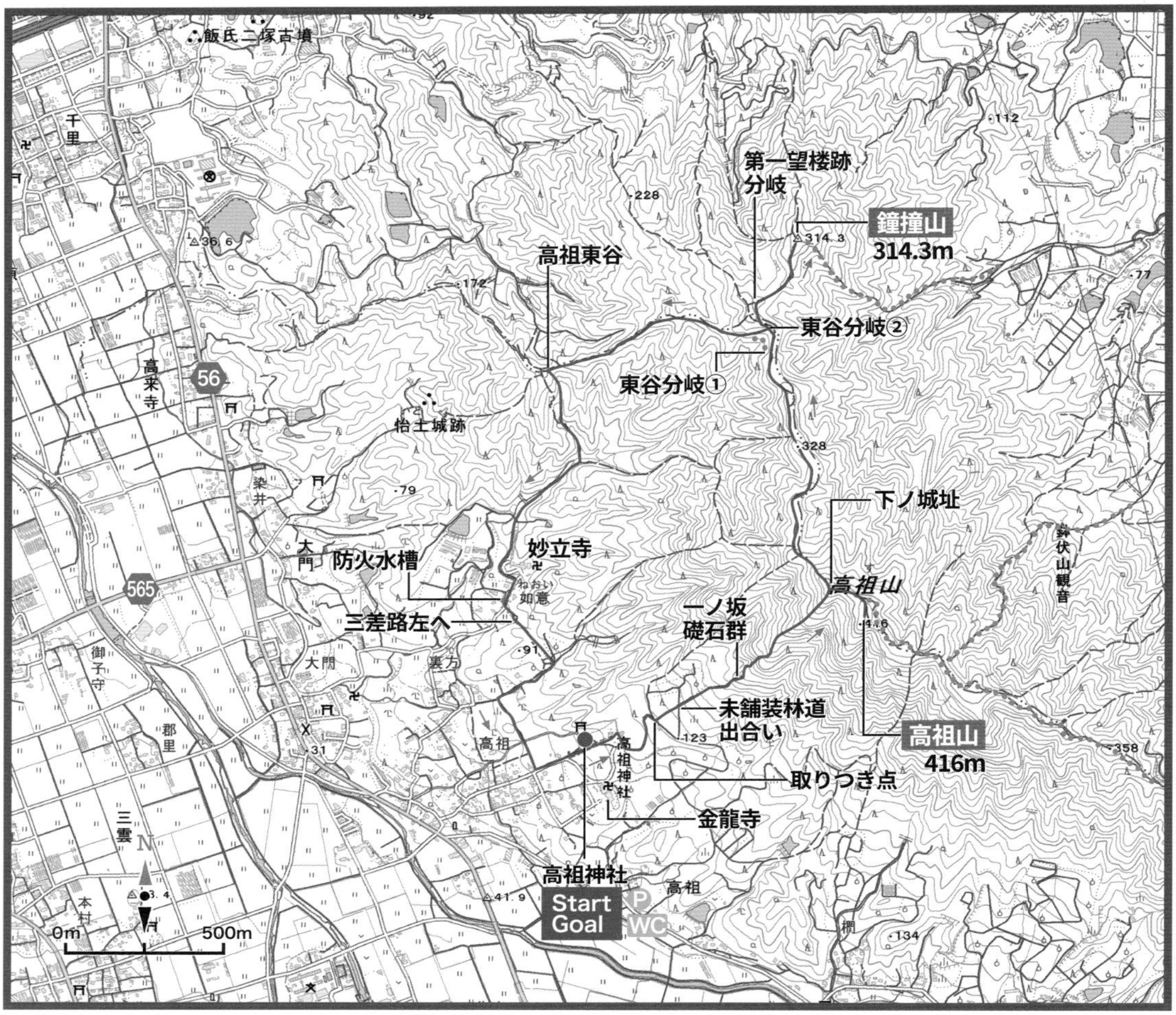

神社へ続く参道に合流する。妙立寺から先はGPSアプリを使って慎重に歩こう。

［山行アドバイス］

①全体的に登山道、道標ともによく整備されており、安心して歩ける。分かりにくいのは、如意の集落から高祖神社へ戻る山麓歩きだろう。農道や生活道が入り組んでいる。心配なら幅員のある生活道をたどって多少遠回りするか、もしくは鐘撞山から往路を戻るといい。

②鐘撞山山頂から東へ下ると今宿上ノ原《かみのはる》に出る。バスを使っての縦走も可能である。

快適に歩ける高祖山と鐘撞山を結ぶ縦走路。

山行データ

■スタート地点　高祖神社

■スタート地点の緯度経度とマップコード

33度32分40.16秒／130度15分33.57秒

マップコード＝13 121 851*41

■スタート地点と最高点の標高差　約330m

■歩行時間の目安　約３時間５分

■参考コースタイム

高祖神社～ 5分～取りつき点～ 20分～一ノ坂礎石群～ 25分～下ノ城址～ 5分～高祖山～ 30分～東谷分岐～ 10分～鐘撞山～ 10分～東谷分岐～ 20分～高祖東谷～ 25分～防火水槽～ 35分～高祖神社（往路：鐘撞山まで＝１時間35分／復路：鐘撞山から＝１時間30分）

■関係市町村

糸島市商工観光課＝092（332）2080

Chapter 4

観海展望の頂に立つ

海を望む広大な風景は
心に効くサプリメントである。

Route 16

風頭《かざがしら》（364・3）〜風師山《かざし》（362・2）〜矢筈山《やはず》（266）

関門海峡を見下ろす素晴らしき眺望

■登山口＝北九州市門司区

　企救《きく》半島は、福岡県の北東部に位置し、西の関門海峡と東の周防《すおう》灘に面している。そのほとんどが北九州市門司区に属し、その中央部に連なる山々を企救山地と呼ぶ。門司区の主峰は、標高362・2メートルの風師山。観海展望の頂として人気がある。

　山頂の北にある清滝公園から車道が延びており、終点の304標高点ピークのそばから取りつけば最短で登れるものの、山登りの面白みに欠ける。ここでは山頂の南西山麓にある小森江子供のもり公園を基点に矢筈山へ縦走周回するルートを案内しよう。

　同公園に入ってすぐ目に留まるのが、小森江貯水池とその中に立つ赤レンガ造りの取水塔だろう。1911年築造の産業遺産である。

　駐車場は池のほとりにあり、そこから園内の遊歩道を北東にたどった奥に風師山への取りつき点がある。地形図を見ると等高線が詰まっており、ずいぶん手強そうだ。

　稜線に出るまで標高差は250メートルほどあって、それなりにきついが、地形図から受ける印象よりも案外楽に登れる。というのも、登山道が九十九《つづら》折れにつけられているからだ。

　取りついてすぐは、浅い谷間を北へ詰めてゆく。左手に私有地を見た先で北東に進路を変え、ジグザグに登る。周囲は鬱蒼とした照葉樹の森で、ヤシャブシの大木とヤブツバキが特に目立つ。途中には南西方向の開けるハリギリ林もある。

　じわじわと高度を上げてゆくと、やがて「風師山登山道／水場」と記された石柱に出合う。水場は右手の谷にあるが、水量に乏しい。

　ここまでくれば、もうひと息。稜線まで約70メートルの上りである。10分ほど歩けば、ヒノキ林の中に続くなだらかな丸太のステップに変わり、北の風頭と南の矢筈山を結ぶ稜線の三差路に出る。

　風師山は右だが、まずは左を取って風頭に向かう。数分で右に清滝公園から上がってきた道を合わせ、左折して露岩の間を抜ければ風頭の小広場に出る。ここが実質的な山頂と言っても過言ではなく、標高は364・3メートル。眼下に関門海峡を収める眺めは絶景である。

　ひと息入れたら往路を稜線の三差路まで戻り、直進して二等三角点のある風師山へ。

小森江子供のもり公園の駐車場から小森江貯水池と産業遺産の取水塔を見下ろす。

風師山への取りつき点付近。樹林の中の浅い谷間を北へ詰めてゆく。

水場を示す石柱。ここまでくれば、稜線合流点はもう間近である。

絶景の地、風頭山頂。秋にはハチクマの渡りが見られるところでもある。

二等三角点のある風師山山頂。これといった特徴のない頂だ。

風頭山頂から望む関門海峡。中央奥は皿倉山。この眺めが多くの人を魅了し、登山者の姿は絶えない。

南西尾根をぐんぐん下って登り返す。

縦走のポイント、奥田峠分岐。右を取る。

門司区を代表する山ながら、特徴の少ない頂である。そこからいったん鞍部へ下り、登り返したピークが南峰だ。NHKの中継施設がある。

南進し、黒川への分岐を左に見送って下ると奥田峠方面との分岐に出合う。ここで右を取り、南西へ延びる尾根を下って矢筈山をめざす。一本調子の長い下りが続くため、注意が散漫にならないよう気をつけよう。

途中、右手に小森江子供のもり公園へ下るショートカット道や陸軍省の古い石標を見送ると、矢筈山の北直下で未舗装林道に合流する。そこから5分ほどで矢筈山山頂の一角に飛び出す。

矢筈山に現存する戦時要塞の跡。映画の撮影に使われたこともある。

ちなみに、同公園から矢筈山山頂へ通じる未舗装林道が延びており、それが登山道を兼ねている。前述のショートカット道もこの林道に出る。ただし、ゲートがあり、車は途中までしか入れない。

矢筈山山頂には明治時代に築かれた堡塁《ほうるい》、弾薬庫、砲座といった戦時要塞の跡が現存しており、併設のキャンプ場を含めて全体が公園化されている。

そうした関係でどこが山頂だか分かりにくいが、266標高点のある草付きの広場に古い山頂標識が立っている。そこへ向かうには、直進してキャンプ場の管理棟前を抜けてもよく、トイレの手前から左の山道に入ってもよい。

戦争遺跡の数々を見学したら、南端にあるスナイダー広場へ足を延ばそう。木立のある草付きの広場は、寝転びたくなるほど気持ちがいい。眼前には周防灘が広がる。海と空を眺めながら、のんびりくつろげる場所である。

復路は、前述の未舗装林道をひたすら下って、小森江子

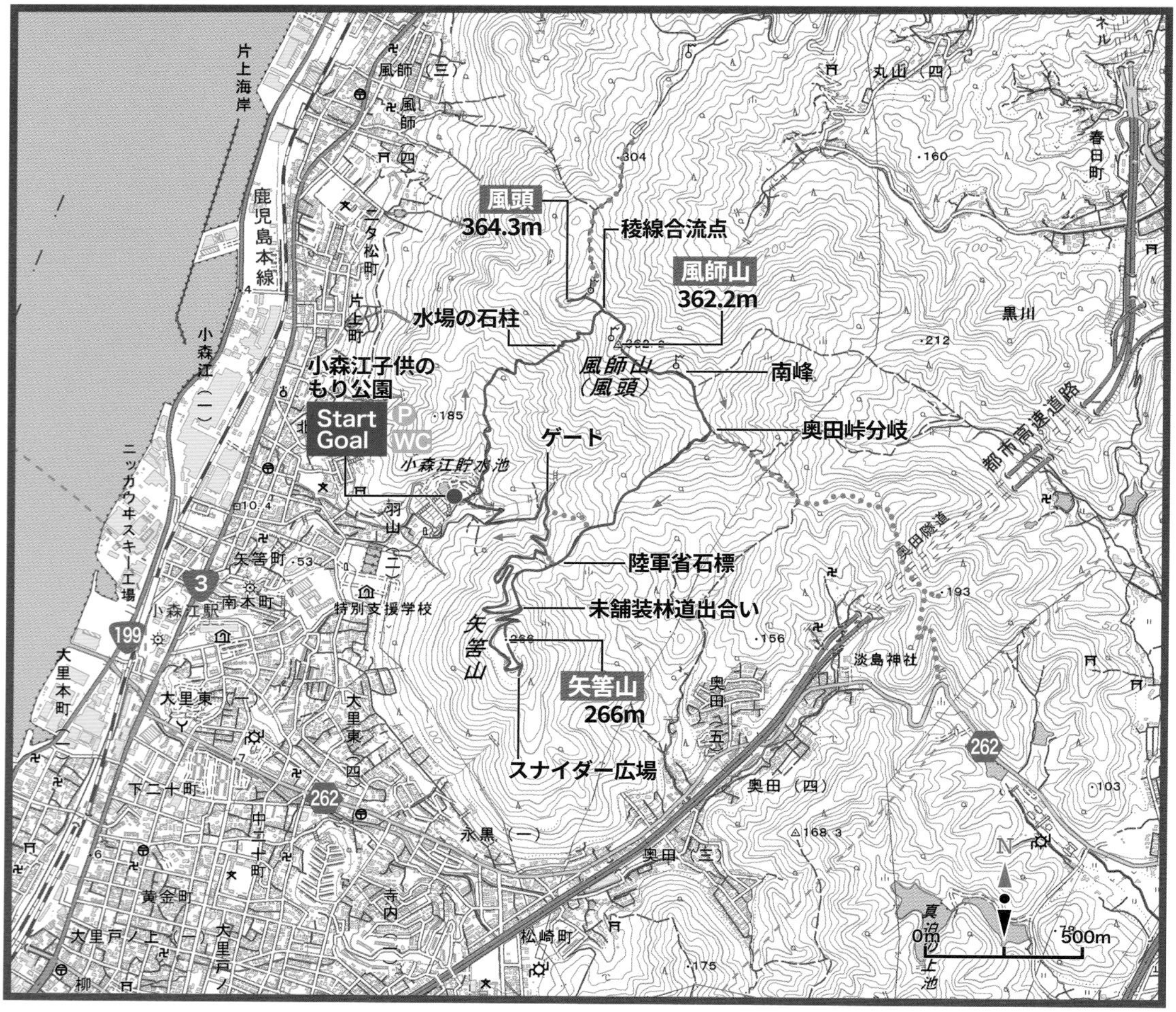

供のもり公園へ戻る。周囲は鬱蒼とした照葉樹林で快適に歩ける。

［山行アドバイス］

①登山道は明瞭である。道標は古いものもあるが、要所に立っている。注意したいのは奥田峠分岐を見逃さないこと。道標を確認し、必ず右折して南西尾根を下ろう。

②先に矢筈山に登って周回する場合は、だらだらと続く南西尾根の上りがけっこうきつい。意見の分かれるところではあるが、どちらかといえば本文通りの時計回りをおすすめしておく。

スナイダー広場から周防灘を望む。矢筈山で昼食をとるならここがいい。

山行データ

■スタート地点　小森江子供のもり公園

■スタート地点の緯度経度とマップコード
33度55分11.08秒／130度56分56.89秒
マップコード＝16 594 876*85

■スタート地点と最高点の標高差　約300m

■歩行時間の目安　約２時間45分

■参考コースタイム
小森江子供のもり公園～ 10分～取りつき点～35分～水場の石柱～ 10分～稜線合流点～ 5分～風頭～ 10分～風師山～ 15分～奥田峠分岐～20分～陸軍省石標～15分～矢筈山～ 35分～ゲート～ 10分～小森江子供のもり公園（往路：矢筈山まで＝２時間／復路：矢筈山から＝45分）

■関係市町村
北九州市門司区役所＝093（331）1881

Route 17

湯川《ゆかわ》山（４７１・３）

弧を描いて続くさつき松原の絶景

■登山口＝岡垣町

宗像市の中心部から海へ向かって連なる山塊を宗像四塚《よつづか》と呼ぶ。その最北端のピークが湯川山である。東西南北にある登山口のうち、東の成田山不動寺に駐車し、さらに東にある内浦《うつら》登山口まで歩いて取りつき、周回するルートを案内しよう。

成田山不動寺はサクラの名所として知られ、境内も広いが、駐車場も広い。ここに駐車させてもらい、いったん車で上がってきた林道を下る。

途中にミステリースポットとして有名なゆうれい坂がある。上っているのに下っているように見える不思議な坂である。内浦登山口は、そこからすぐのところ。取りついて間もなくショートカットに見える道が多く、戸惑うかもしれない。

地元の登山者の話によれば、マウンテンバイクが侵入し、あちらこちらに勝手に道を作ったせいだそうである。「私有地勝手に入るな」という看板は、登山者ではなく、バイク人に対する警告である。

そうした状況下でたどるべきは、基本的に幅員のある道でよい。一部、イノシシが掘り返して荒れたところもあるが、歩くに支障はない。山頂から東へ延びる主尾根に乗ったら、登山道は明瞭となり、緩やかに南西へ続く。

標高１００メートル付近まで登ると、圧巻のマテバシイ林が登山道を包むように広がっている。株立ちした二次林が頭上高くうねうねと枝を広げるさまには不思議な魅力がある。その中にシロダモやタブノキなどの大木が交じり、記憶に残る森を形作っている。湯川山の見どころの一つと言ってよい。

ゆっくり高度を上げてゆくと、ヤブツバキ林、ベンチのあるクヌギ林を抜け、２１８・２三角点に至る。ここで進路を西へ変え、分岐に出合う。左は垂見峠から上がってくる宗像四塚縦走路。

道なりに直進してなだらかに登ってゆくと前方が開け、山頂周辺に建つ電波塔の管理道を右手に合わせる。左手にＮＴＴの無線中継所が建つ地点だ。左を取って草むらを横切り、山道に入る。ここから４２６標高点ピークにかけての上りが、本ルートの正念場である。標高差は40メートルほどしかないが、けっこうきつい。焦らず努めてゆっくり登ってゆこう。

４２６ピークをすぎ、鞍部に下って登り返すと九電の無線中継所の建つ広場に出る。そのまま直進して管理道を歩いてもいいが、広場へ出る直前の左手に山道があり、それをたどれば山頂はもうすぐである。

丸みを帯びた草付きの山頂には二等三角点があり、北側が開けている。玄界灘の海原を眼下に収める大展望を前にすれば疲れは吹き飛び、爽快な気分に浸ることだろう。天気のよい日には世界遺産の沖ノ島を望めるそうだが、残念

スタート地点の成田山不動寺と駐車場。本堂のそばにトイレもある。

内浦登山口。入山後は、尾根に乗るまで幅員のある道をたどる。

湯川山の見どころの一つ、マテバシイ林。標高100メートル地点から圧巻の美林が続く。

218.2四等三角点。この先で垂見峠から上がってきた道を左手に合わせる。

展望所から望むさつき松原。この胸のすく眺めが湯川山の魅力の一つである。

展望所分岐。復路で「成田山不動寺登山口」方向へ進むと、展望所へ至る。

湯川山遊歩道入り口。管理道から右折し、成田山不動寺をめざして下る。

湯川山山頂と二等三角点。

ながら近年は遠くまですっきり見渡せる日が少ない。

山頂で心地よい時間を過ごしたら下山にかかるが、その前に展望所に立ち寄ろう。山頂から往路を戻ると、すぐ左(北)に樹林の中に続く山道がある。これを下って登り返すと展望所に至る。ただし、遠回り。むしろ、その先の展望所分岐から左折して管理道に出るほうが早い。

展望所からの眺めは、緩い弧を描いて西へ延びるさつき松原の海岸線がことのほか美しい。SNSに発信される湯川山の写真は、大方ここから撮影されたものである。

復路は、展望所から管理道へ戻り、それをそのまま下って成田山不動寺をめざす。10分ほど歩くと、右手に湯川山遊歩道の入り口がある。

これに入り、途中東屋を見て、道なりに下る。傾斜はけっこう急で、面食らうほど長い階段の下りもある。周囲はほぼ植林で単調だが、道自体はしっかりしている。

尾根から浅い谷間に踏み換えてしばらくで作業道に下り立ち、左を取れば成田山不動寺へ戻る。

［山行アドバイス］

①内浦登山口の標高は約50メートル。山頂との標高差は約420メートルあり、それな

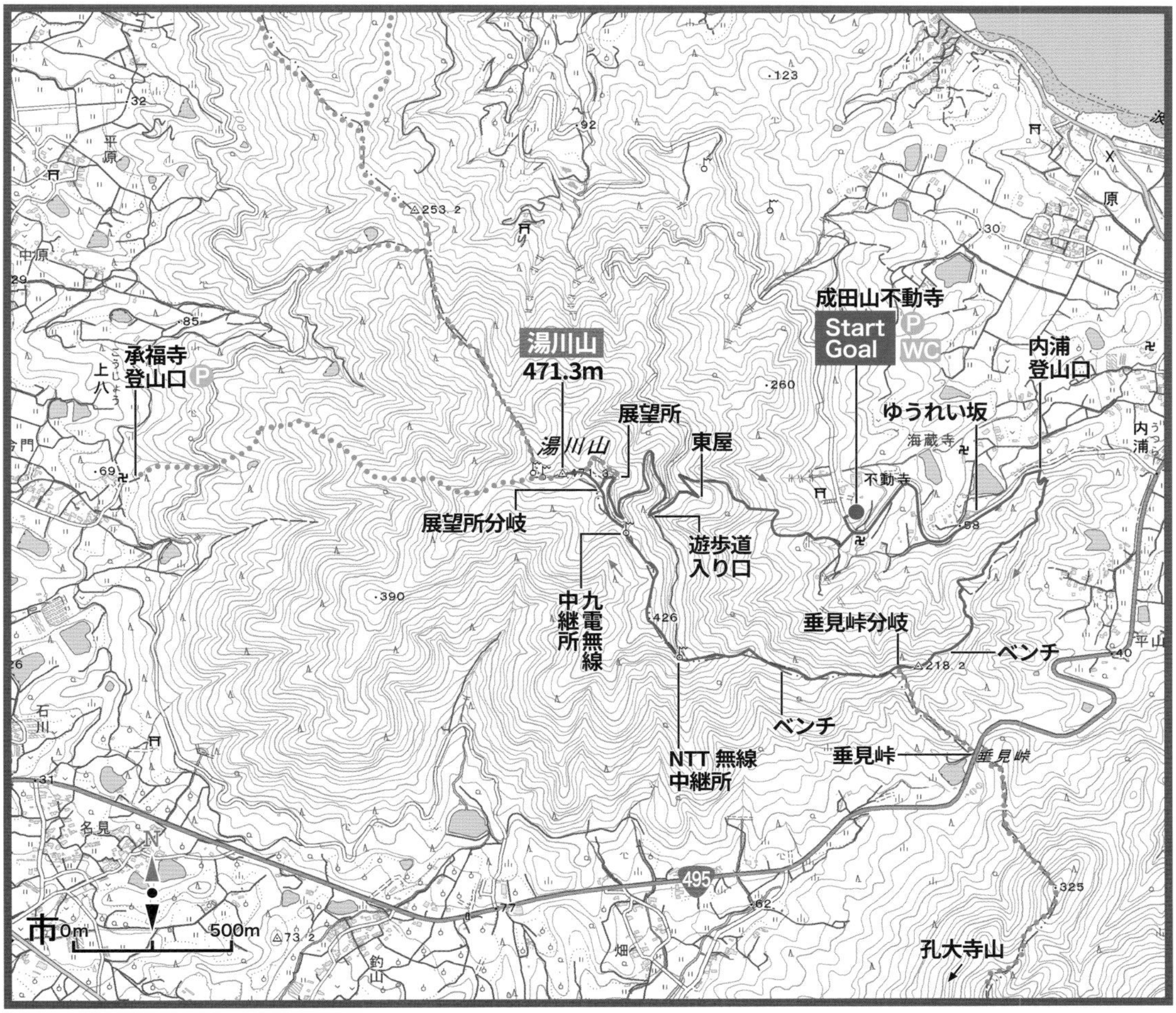

りに登り応えがある。最もきついのは、４２６標高点ピークに向けての上りだ。逆回りで周回する場合、長い階段があるなど傾斜の急なところが多い。本文の通り、時計回りがおすすめである。

②山頂周辺にはいくつも電波施設があり、それを管理するための道が入り組んでいる。下山路を間違えないよう注意したい。

湯川山遊歩道の長い階段を振り返って写す。逆回りで歩く場合は、これを登ることになる。

山行データ

■スタート地点　成田山不動寺

■スタート地点の緯度経度とマップコード
33度52分7.21秒／130度33分45.06秒
マップコード＝68 697 865*62

■スタート地点と最高点の標高差　約420m

■歩行時間の目安　約２時間25分

■参考コースタイム
成田山不動寺〜10分〜内浦登山口〜25分〜垂見峠分岐〜30分〜NTT無線中継所〜25分〜九電無線中継所〜10分〜湯川山〜5分〜展望所〜10分〜遊歩道入り口〜30分〜成田山不動寺（往路＝１時間40分／復路＝45分）

■関係市町村
岡垣町産業振興課商工観光係＝093（282）1211

Route 18

宮地岳《みやじ》（180）〜在自山《あらじ》（235）

二つの古宮を結ぶ自然歩道をたどる

■登山口＝福津市

宮地岳と在自山を結ぶ全長2・4キロの宮地嶽自然歩道は、風光明媚な福間海岸、津屋崎海岸を望む観海の縦走路である。宮地岳の山麓には、商売繁盛の神様として名高い宮地嶽神社が鎮座している。

大注連縄《しめなわ》、大太鼓、大鈴と日本一が三つもあることでも有名だ。近年は、玄界灘に沈む夕陽が一直線に延びる参道を照らす「光の道」が有名になった。見られるのは2月と10月の年に二回で、見物客でごった返す。そんな宮地嶽神社の古宮《ふるみや》が静かにおわす鈍頂が、宮地岳である。創建のいわれは、神功皇后が渡韓に際し、この地にて大海原を望み、開運を祈願したことによる。

一方、宮地岳の北に位置する在自山には金刀比羅神社の古宮があり、二つのピークを結ぶ稜線は自然と歴史のプロムナードの趣である。

宮地嶽神社。毎年開催される「菖蒲まつり」のころに撮影。奥に日本一の大注連縄がのぞく。

宮地嶽神社にも金刀比羅神社にも駐車場、トイレがあり、どちらから登ってもいいが、規模から言っても宮地嶽神社から登るほうが安心である。ただし、周回するには下山後に町中を歩かねばならない。それよりはむしろ歩行距離もさほどないため、往復するほうがよかろう。

宮地嶽神社の駐車場を出発したら、まずは参拝だ。そのあと、拝殿の右横から奥へ進むと、七福神社、稲荷神社、不動神社、万《よろず》地蔵尊、恋の宮、三宝荒神《さんぼうこうじん》、水《すい》神社、薬師神社が点在する奥之宮八社めぐりの入り口に出合う。

一社一社にお参りすれば願いごとが叶うという言い伝えがあり、今でも参拝者は絶えない。下山後にぜひめぐっていただきたい。

その八社めぐりの鳥居から左を取り、不動神社（日本最大級の横穴式石室を有する古墳にお不動様を祀る）を右手に見たすぐ先が宮地嶽自然歩道のスタート地点で、福津市による案内板が立っている。遊歩道の周囲にソメイヨシノやツツジが植えられており、花の時季には賑わう。

案内板に従って蛇行する遊歩道を進むと、一つ目のカーブを曲がったところで左に山道を分ける。遊歩道をショートカットする道だ。そちらに入り、5分ほど歩くと遊歩道の終点に出る。

その先にある分岐は、宮地岳の直下を西に巻くか、東に巻くかの違いで、どちらを歩いても先で合流する。合流点が宮地岳への分岐になっており、南へわずかで宮地嶽神社の古宮がひっそりと鎮座する宮地岳山頂へ至る。

平らでこぢんまりとした山頂は植林に包まれて昼間でも薄暗く、静かな空気が漂っている。展望もほとんど利かない。樹間にちょっぴり渡《わたり》半島が見える程度である。

古宮に手を合わせて合流点に戻り、そのまま直進して縦走路を北へたどる。在自山までしっかり踏み固められた一本道。迷うところはない。鞍部に下って竹林を抜け、

奥之宮八社めぐりの道順からそれて宮地嶽自然歩道のスタート地点へ向かう。

宮地嶽神社の古宮が鎮座する宮地岳山頂。神功皇后とゆかりの深い聖地である。

在自山の南の肩から福間海岸を望む。何度見ても飽きない絶佳が広がる。

在自山の山頂標識。鈍いピークだが、とても居心地がよい。

在自山の山頂周辺にはマテバシイの大木が林立する。しっとり落ち着いた雰囲気が漂っている。

黄金色の光に包まれて厳かな空気に包まれた金刀比羅神社の古宮。

ササの踏み分け道を進むと開けた草原に出る。在自山の南の肩に当たるところで、展望抜群。遠く志賀島をはじめ、西側へ続く海岸線と街並みが一望の下だ。

在自山山頂はそこからひと上り。10分足らずの距離である。林立するマテバシイの大木が陽射しと風を遮り、日中でも薄暗いものの、温もりのある落ち着いた風情の漂う心和む空間である。小さな子ども連れなら足下に散らばるマテバシイのドングリを拾うのもよかろう。

説明板によれば、在自山は別名を「天蓋山《てんがいさん》」というのだそうである。低山にふさわしからぬ壮大な山名がなにに由来するかは定かではない。

さて、これで二つのピークを踏んだわけだが、ここで引き返すのはもったいない。この先にもまだ楽しみがある。まず在自山の山頂標識から西へ数分のところにおわす金刀比羅神社の古宮へ。宮地嶽神社の古宮よりも立派で、境内は手入れが行き届いている。

もう一つの楽しみは、紅白の鳥居の立つ展望所だ。古宮の鳥居をくぐった先で道は二分し、右を取れば北西の尾根を下って林道へ。ここは左を取って急な階段を下る。

復路に40メートルほど登り返す必要はあるものの、展望所からの眺めは一見の価値ありだ。渡半島の向こうに玄界灘の大海原が広がっている。

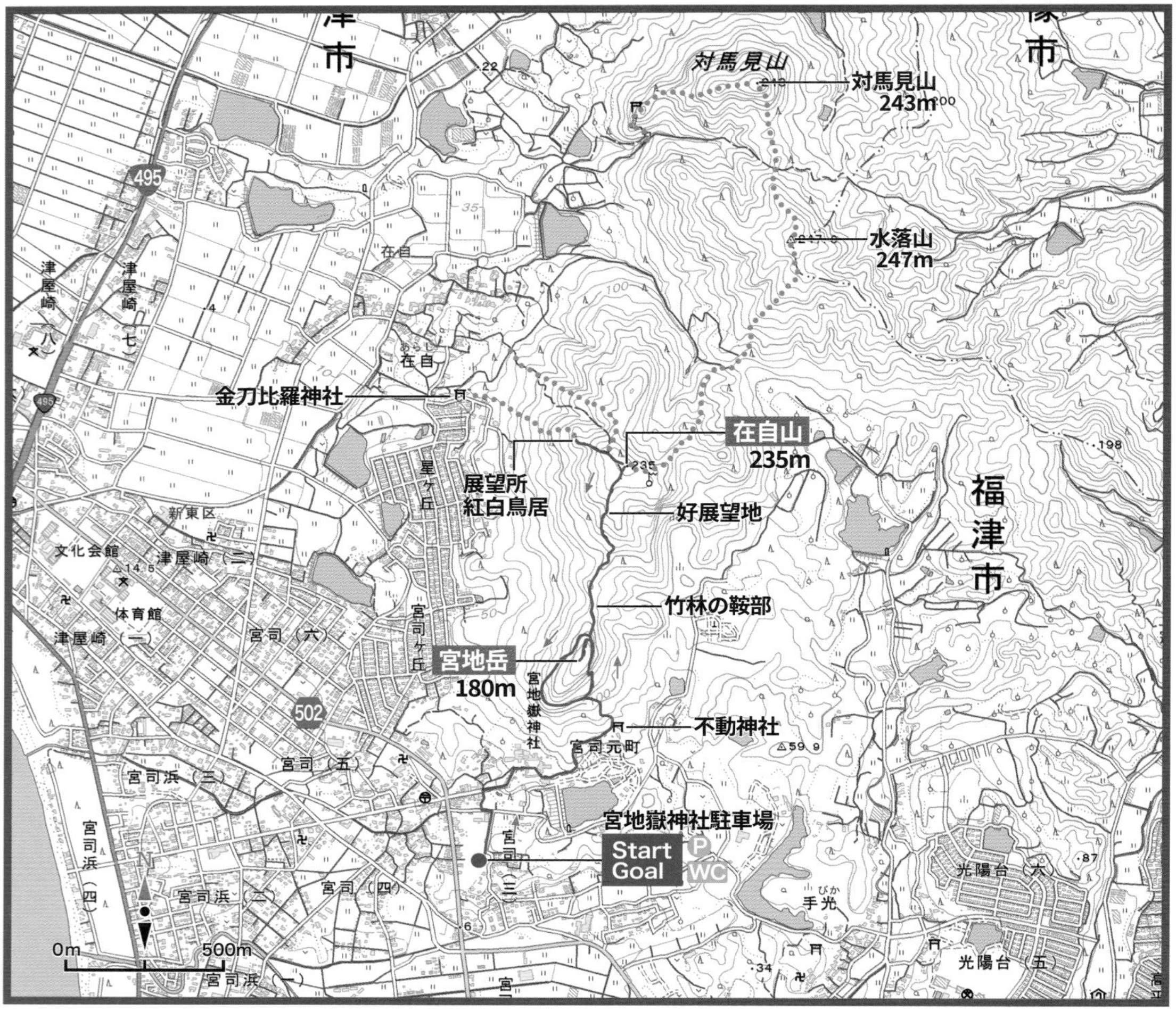

在自山のシンボルとも言うべき紅白の鳥居のそばにあるベンチでのんびりし、展望を胸に収めてから引き返そう。

［山行アドバイス］

①縦走路はしっかり踏み固められており、子ども連れでも安心して歩ける。往復しても距離的に大したことはない。

②周回する場合は、紅白の鳥居から進路を北へ取る。間もなく西へ向かって大きく蛇行しながら植林の中を下ってゆくと、金刀比羅神社のそばに出る。あとは車道を歩いて宮地嶽神社の駐車場へ戻る。約40分みておけばいい。

在自山のシンボル的存在、紅白の鳥居が立つ展望所。ここからの眺めも素晴らしい。

山行データ

■スタート地点　宮地嶽神社

■スタート地点の緯度経度とマップコード
33度46分38.45秒／130度29分3.90秒
マップコード＝375 088 791*67

■スタート地点と最高点の標高差　約220m

■歩行時間の目安　約２時間15分

■参考コースタイム
宮地嶽神社駐車場～15分～宮地嶽自然歩道入り口～20分～宮地岳～25分～在自山～10分～展望所～15分～在自山～35分～宮地嶽自然歩道入り口～15分～宮地嶽神社駐車場（往路：展望所まで＝１時間10分／復路：展望所から＝１時間５分）

■関係市町村
福津市地域振興課観光振興係＝0940（62）5014

Route 19

可也山《かや》（365・0）

眺めてよし、登ってよしの糸島富士の頂へ

■登山口＝糸島市

糸島富士の異名の通り、秀麗な山容の可也山。鐘撞山から撮影。

糸島半島の西の付け根に裾野を広げる可也山は、秀麗な山容をした独立峰である。「糸島富士」と称され、糸島市の低山の中でも屈指の人気を誇っている。

スタート地点は交流プラザ志摩館。ここからウォーミングアップがてら車道を西へたどり、まずは師吉《もろよし》公民館へ。公民館にはトイレのほかに可也山の案内板がある。これを確認して、向かい側の民家の間の狭い路地に入ろう。

右手に雲乗寺を見た先で三差路に出合い、「遊歩道登山口」という道標に従って右へ。足下は簡易舗装の農道に変わり、ミカン畑を見ながら緩く登った左手に道標と取りつき点がある。

初めての場合は、師吉公民館から取りつき点までが若干分かりにくいかもしれない。地図やGPSアプリで現在地を確認しながら歩き、前述の「遊歩道登山口」の道標を見落とさないこと。

農道の取りつき点から左折して登山道に入れば、あとはほぼ一本道である。標高340メートル付近の頂稜部に出るまで溝状にえぐれた道と階段が多く、きつい上りもある。低山といえども、ほぼ海抜0メートルからの上りである。決して侮ってはいけない。

最初のランドマークは、可也山の歴史の一端を物語る石切場跡だ。ヤセ尾根をすぎて「山頂まで1400m」の道標を見た先にベンチが設置されている。

名前の通り江戸時代に花崗岩を切り出していた場所である。切り出された石は、黒田長政の命によって日光東照宮へ運ばれたと伝わる。大きな花崗岩が露出しており、よく見ると楔《くさび》を打ち込んだ痕跡が

歩き始めは比較的なだらかな道が続く。登山道脇は自然林と植林が入り交じる。

ミカン畑を見て農道を詰めると、左手に取りつき点がある。

師吉公民館から路地に入った三差路。「遊歩道登山口」の道標に従って右折する。

見つかる。

ひと息入れたら、電波塔を経て第一展望所へ。マテバシイの大木が立つ小広場は北東方向が開け、近未来都市のような九州大学の伊都キャンパスを望む。

そこから丸太のステップの長い上りが続く。これを登りきれば、頂稜部の平坦地に出る。照葉樹林に包まれた気持ちのよい場所で、シイの大木が出迎えてくれる。

ここまでくれば、きつい上りはない。左手(南)に小富士分岐を見送り、その先右手のお堂の脇で親山から上がってきた広い林道を合わせ、静かに鎮座する可也山神社に到着する。

ここが山頂でもおかしくないのだが、山頂標識はさらに北西へ進んだ三等三角点の先に立っている。ピークとは呼べない平凡な場所のせいか、大方の人が素通りして頂稜部の北端に当たる可也山展望台へ向かう。

そこからの眺めは申し分なし。まさに観海展望。この展望台こそ可也山のハイライトである。眼下に芥屋《けや》の大門《おおと》、引津湾、唐津湾、玄界灘に浮かぶ島々が広がり、青い海と空が織りなす大パノラマは何度眺めても飽きない。

溝状にえぐれたところも多いが、ヤセ尾根もある。頂稜部までけっこう変化に富む登山道である。

最初のランドマーク、石切場跡。そばにベンチが設置されており、ひと息入れるに好都合。

可也山展望台からは観海の大パノラマをほしいままにできる。これが可也山の最大の魅力である。

可也山神社。三等三角点は、裏手に回って数分のところにある。

第一展望所をすぎると、頂稜部へ向かって急な上りが続くが、もうひと息の辛抱だ。

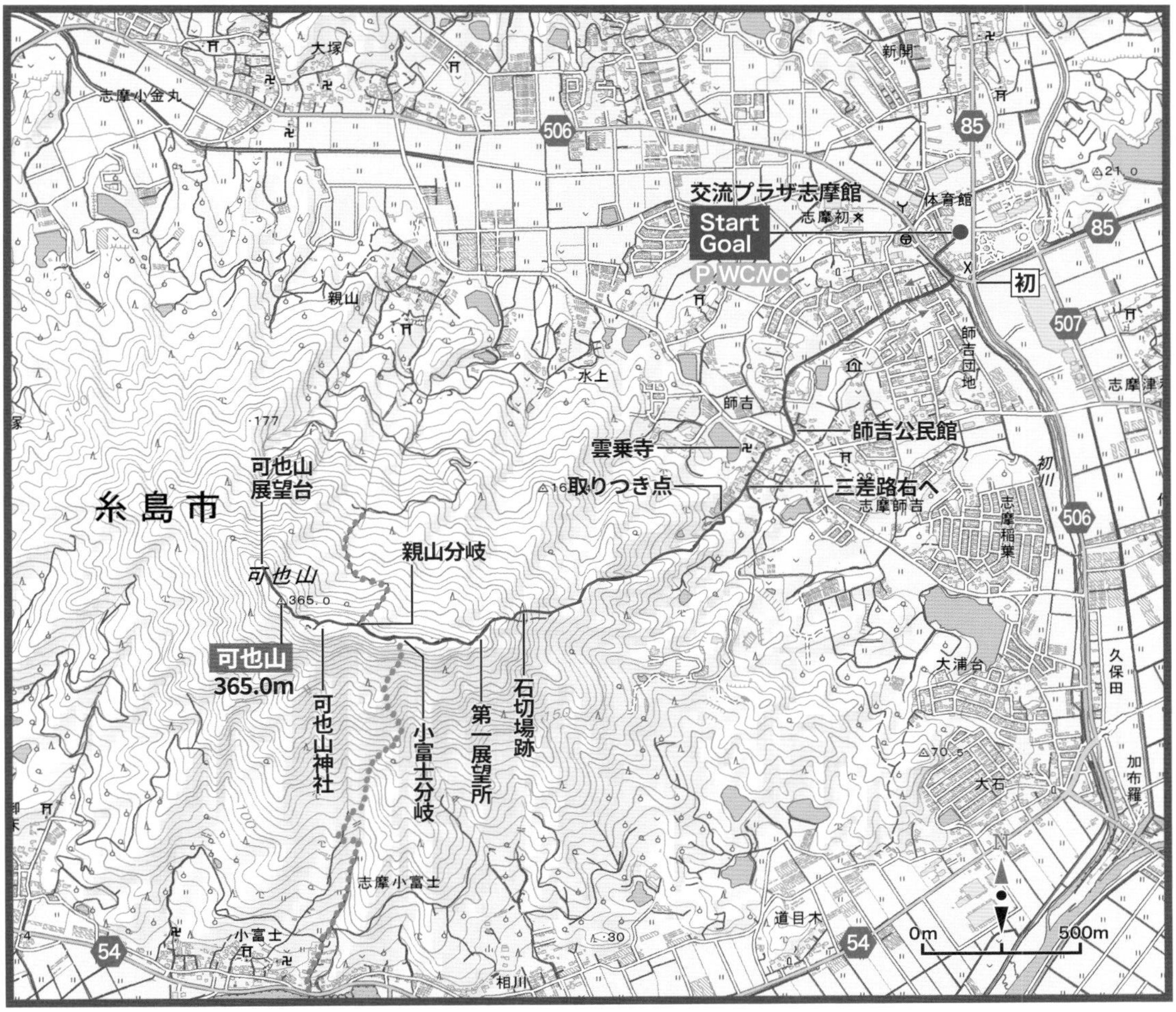

大展望を心ゆくまで楽しんだら、往路を忠実に戻ろう。

［山行アドバイス］

①登山道、道標ともに整備されており、子ども連れでも安心して歩ける。取りついてしまえば、迷うところはほとんどない。急な階段は息が上がらないよう努めてゆっくり歩くといい。トイレは交流プラザ志摩館と師吉公民館にある。

②頂稜部で道を合わせる小富士ルートは傾斜が急だ。加えて、取りつき点の近くに適当な駐車スペースが見当たらない。また、親山ルートは林道歩きが長く、妙味に欠ける。交流プラザ志摩館からの往復がおすすめである。

通過点のような場所に立つ山頂標識。可也山展望台はもう少し先にある。

山行データ

■スタート地点　糸島市交流プラザ志摩館

■スタート地点の緯度経度とマップコード
33度34分59.19秒／130度11分1.35秒
マップコード＝224 577 489*24

■単純標高差　約355m

■歩行時間の目安　約3時間30分

■参考コースタイム
交流プラザ志摩館～15分～師吉公民館～10分～取りつき点～35分～石切場跡～40分～可也山（三等三角点）～10分～可也山展望台～15分～可也山神社～30分～石切場跡～30分～取りつき点～10分～師吉公民館～15分～交流プラザ志摩館（往路：可也山展望台まで＝1時間50分／復路：可也山展望台から＝1時間40分）

■関係市町村
糸島市商工観光課＝092（332）2080

立石山山頂から北へわずかに下った地点から唐津湾方向を望む。

Route 20

立石《たていし》山（209・5）

観海の絶景を堪能し、芥屋の大門に遊ぶ

■登山口＝糸島市

芥屋海水浴場にある立石山の取りつき点。そばに駐車場とトイレがある。

糸島半島の西端に位置する立石山は、福岡県下の低山には珍しく、花崗岩が露出している点に特徴がある。それに加えて、常に海風の影響を受けているせいだろうか、尾根沿いの樹林はさほど発達しておらず、山麓と山頂周辺を除けば頭上はほぼ開けている。

そのため、登る途中で振り返ると、ピラミッド状の芥屋《けや》の大門《おおと》と青い海を見下ろす大絶景が広がる。尾根沿いのほとんどがそうした好展望地と言ってもいいほどで、登るにつれて港や芥屋の大門が小さくなってゆき、高度を上げていることを実感できる。

また、登山口から山頂までゆっくり歩いても40分もかからず、手軽に観海展望を楽しめる山として人気を博している。特に「インスタ映え」なる言葉が流行り始めたころから登山者が急増したように感じている。

芥屋海水浴場の中ほどにトイレ完備の駐車場が整備されており、そこから取りつき点はごく近い。かつては海水浴場奥の廃業したホテルの裏から入山していたが、今はその手前に新しく登山道がつけられている。

取りついてしばらくは樹林の茂る浅い谷間を北へ巻いて進み、尾根に乗った地点で南西へターンする。あとは迷うことなき一本道で、登山道も明瞭である。ただし、前述したように露岩が多く、一見岩場上りの趣である。さらに足

花崗岩が至るところに露出しており、ちょっとした岩登りの感覚で歩く。

立石山山頂は狭い。昼食をとるなら、展望を楽しめる露岩の周りがいい。

下は風化した花崗岩でざらついており、滑りやすい。

　大岩が近づいてきたら岩の間を乗り越して進み、岩のたもとに小さな祠を見る。山頂はそこからすぐのところ。樹林に包まれた狭い頂には三等三角点、山頂標識、ベンチがある。展望は、北へわずかに下った地点に姫島や唐津湾を望めるところがある。

　復路は、東に下って周回することも可能だが、車道歩きが長い。それよりもむしろ往路を戻り、芥屋の大門へ足を延ばしたい。遊覧船発着所の先から西海岸につけられた古い遊歩道がある。ところどころ崩れているが、歩くに支障はない。

　海岸線から樹林の道へ入れば、芥屋の大門の南にある展望台まで行ける。また、黒磯海岸で遊んだり、大祖神社側に出るのもいい。周辺では、夏にはハマユウ、ハマゴウ、ハマナタマメ、ハマナデシコ、秋にはツワブキ、ハマベノギク、珍しいダルマギクなどが見られる。

［山行アドバイス］
①片道35分ほどと手軽に登れて、胸のすく展望が味わえる大人気の山である。ただし、足下は滑りやすく、ちょっとした岩場もある。小さな子ども連れの場合は用心したい。
②夏場は海水浴客でとても混み合う。海水浴場駐車場が満車の場合は、芥屋第一駐車場から歩こう。

芥屋の大門。遊覧船発着所から海岸線に沿って遊歩道が続いている。東側の大門公園側にも接続している。

山行データ

■スタート地点　芥屋海水浴場

■スタート地点の緯度経度とマップコード
33度35分4.64秒／130度6分28.89秒
マップコード＝182 898 697*56

■スタート地点と最高点の標高差　約200m

■歩行時間の目安　約１時間15分

■参考コースタイム
芥屋海水浴場～40分～立石山～35分～芥屋海水浴場（往路＝40分／復路＝35分）

■関係市町村
糸島市商工観光課＝092（332）2080

GPSアプリについて

そもそも道迷いとはどういう状態のことだろうか。答えは簡単、「自分がどこにいるか分からない状態」を指す。それからすると、現在地を特定できるGPSを使えば道迷いは起こり得ないはずだ。しかし、それは「理論上は」ということであって、実情はそう簡単ではないようだ。

スマホが広く普及し、GPSアプリを使う人が増えても、「column01」で見た通り道迷い遭難は、2019年度38.9%、2020年度44%と減るどころか増えている。この数字は、一体なにを物語っているのだろうか。

浮かんでくるのは、「単にGPSアプリを導入しているだけ」という状況である。もう少し具体的にいえば、使いこなしていないということ。逆にいえば、GPSアプリがあるから大丈夫という裏付けのない安心感が、安易な山行を誘引している可能性も否定できない。

GPSアプリは道具であって、お守りではない。道具は「使いこなしてなんぼ」である。つまるところ、GPSは液晶画面に地図を表示し、今どこにいるかを教えてくれる道具にすぎず、仮にもし登山道を完全にロストしてしまったとすると、どのようにリカバリーするかを地図から判断しなければならない。

そのためには地図と地形に関する知識、および読図の技術が必要不可欠である。この知識と技術をすっ飛ばし、単にGPSアプリを持っているだけ…。これでは、道迷い遭難が減らないのも当然である。

とはいえ、いきなり知識や技術が必要だと説いても、とっつきにくいだろうから、道迷いを防ぐための初歩的な使い方を書いておく。

①まずは予習だ。必ず山行前夜に当該山域の地図をダウンロードし、ルートをなぞって確認すること。分岐がどれくらいあるかを頭に入れておこう。

②次に現場でこまめにGPSアプリを確認する癖をつけること。分岐や分岐らしき地点に遭遇したら、その都度スマホを取り出して現在地を把握しよう。

③そして、このとき、周囲の地形と地図を必ず見比べること。仮に谷間にいるとしたら、谷の深さ、幅、植生などが地図にどのように表現されているかを確認するのだ。それが、前述した地図と地形に関する知識、および読図の技術の向上につながる。

以上、①②③を面倒くさがらずこまめにやれば、道迷いは確実に防げる。少なくとも遭難という大事に至ることはないはずである。

瞬時に現在地を特定できるGPSアプリは、今や山登りの必需品である。だが、使わないと意味がない。道標のある分岐はもとより、分岐らしき地点や怪しい場所に遭遇したら、必ずGPSアプリを開く癖をつけよう。

Chapter 5

とっておきの縦走路をゆく

人が歩けば、道ができる。
山をつないで歩く楽しさを知る。

Route 21

堀越城跡《ほりごしじょうあと》(355)～剣立山《けんたち》(322)

そそり立つ巨岩「笠岩」をはじめ、魅力たっぷり

■登山口＝北九州市小倉南区

カルスト台地で知られる平尾台(北九州市小倉南区)の主峰は貫《ぬき》山である。その西北に標高350メートル前後のピークがいくつか点在する。その一つが中腹に笠岩と呼ばれる巨岩を擁す堀越城跡と剣立山で、近年脚光を浴びている。この二つのピークを結ぶ周回ルートを紹介しよう。

登山口は、小倉南区の長野緑地公園だ。約3・5ヘクタールに及ぶ広大な敷地面積を誇り、「豊かな自然と歴史を活かした広域公園」をテーマに北九州市が整備を進めている。

駐車場は西と東に計四ヵ所あるが、登山の場合は西側駐車場が取りつき点に近くて便利。トイレも完備している。そばを通る車道脇には「笠岩登山口」と「剣立山登山口」の道標、および堀越城跡の解説板がある。

それを確認して東九州自動車道の高架下をくぐる。「笠岩」を示す道標に従って右を取り、すぐ左へ進むと、左手の木立ちの中に貴船神社の古いお社を見る。そこから左奥へ延びているのは、高倉八幡神社御水取口へ続く小径。谷間に水場がある。

貴船神社を左手に見て進むと、間もなく小広場を抜けて取りつき点の分岐に出る。右は金之神参道で、復路はここへ下りてくる。

左を取って平坦な道を南へたどると橋に出合い、渡ってすぐ分岐。右は小ピークを越える道、左は椿ロードという巻き道だ。どちらを取っても先で合流する。ここからは笠岩の下まで一本道である。

登山道はよく手入れされており、安心して歩ける。登山道にしろ道標にしろ、手作り感たっぷりで、整備に携わっておられる地元の人の愛と熱意をひしひしと感じる。周囲の竹林や樹林も美しい。

緩やかに高度を上げてゆくと「中間点」の道標をすぎた辺りからやや傾斜が増し、やがて急登が始まる。その途中に北、および北東の開ける好展望地が二ヵ所続く。

その先で前方が開け、そそり立つ巨岩「笠岩」が視界に飛び込んでくる。この劇的な感じがなかなかいい。このルートのハイライトの一つである。

笠岩には直下にも上部にも行けるが、途中に分岐があり、「大山桜」という道標が左を指している。ちなみに「大山桜」とは、文字通りヤマザクラの大木のこと。どちらを取っても笠岩の上部で合流する。左の巻き道は、春の花の時季に使うとよかろう。

それよりも笠岩だ。直下から仰ぎ見るもよし、上部に出

スタート地点の長野緑地。左手にトイレ完備の西側駐車場がある。奥は東九州自動車道の高架。

取りつき点の分岐は左を取る。右は金之神の参道で、復路に下りてくる。

急な上りの途中にある展望所から北東方向にどっかと座る足立山を望む。

笠岩の下部を通過する登山者。登山道は、山麓以外ほぼ自然林に覆われている。

て、前方に広がる景色ともども胸に収めるもよし。間近で見ると、圧巻の大迫力だ。低山にこんな巨岩が屹立《きつりつ》していること自体驚きである。

笠岩見物が終わったら、左下に谷を見下ろしながら南西へたどる。小さな沢を渡渉したあと、ひと上りで貫山分岐に出合う。右を取ってなだらかな尾根を伝うと、ロープの張られたやや急な上りを経て平らな堀越城跡に至る。

かつての山城跡は樹林に囲まれて展望はほとんど利かない。だが、木洩れ陽の中の静かなたたずまいは印象深い。山メシを楽しむなどいっときを過ごすにもってこいの場所である。冬から早春にかけては、コショウノキの白い花が目を引く。

続く剣立山は、堀越城跡からすぐのところ。いったん北の鞍部へ下って登り返したピークである。狭い頂は展望に優れ、堀越城跡とワンセットの展望台の趣だ。

復路は進路を北へ取り、約120メートル急降下する。といっても、登山道はジグザグにつけられており、案ずることはない。ショートカット道がいくつも見られるが、時間的な差は大してない。素直に本道を下ろう。

下り切った鞍部で大岩を見て、右(東)の谷間へ入ると金之神分岐に出合う。金之神は直進して数分のところ。立ち寄って行くといい。

その金之神の前にもショートカットする谷道があるが、傾斜は急だ。分岐へ戻り、金之神参道をのんびり下る。浅

そそり立つ笠岩。たもとまで近寄れる。また、上部に回れば笠岩越しに展望が開けている。

鋭峰の剣立山山頂は狭い。展望に優れ、北側一帯が開けている。

平らで細長い堀越城跡。展望はないが、木洩れ陽の中でのんびりすごしたい。

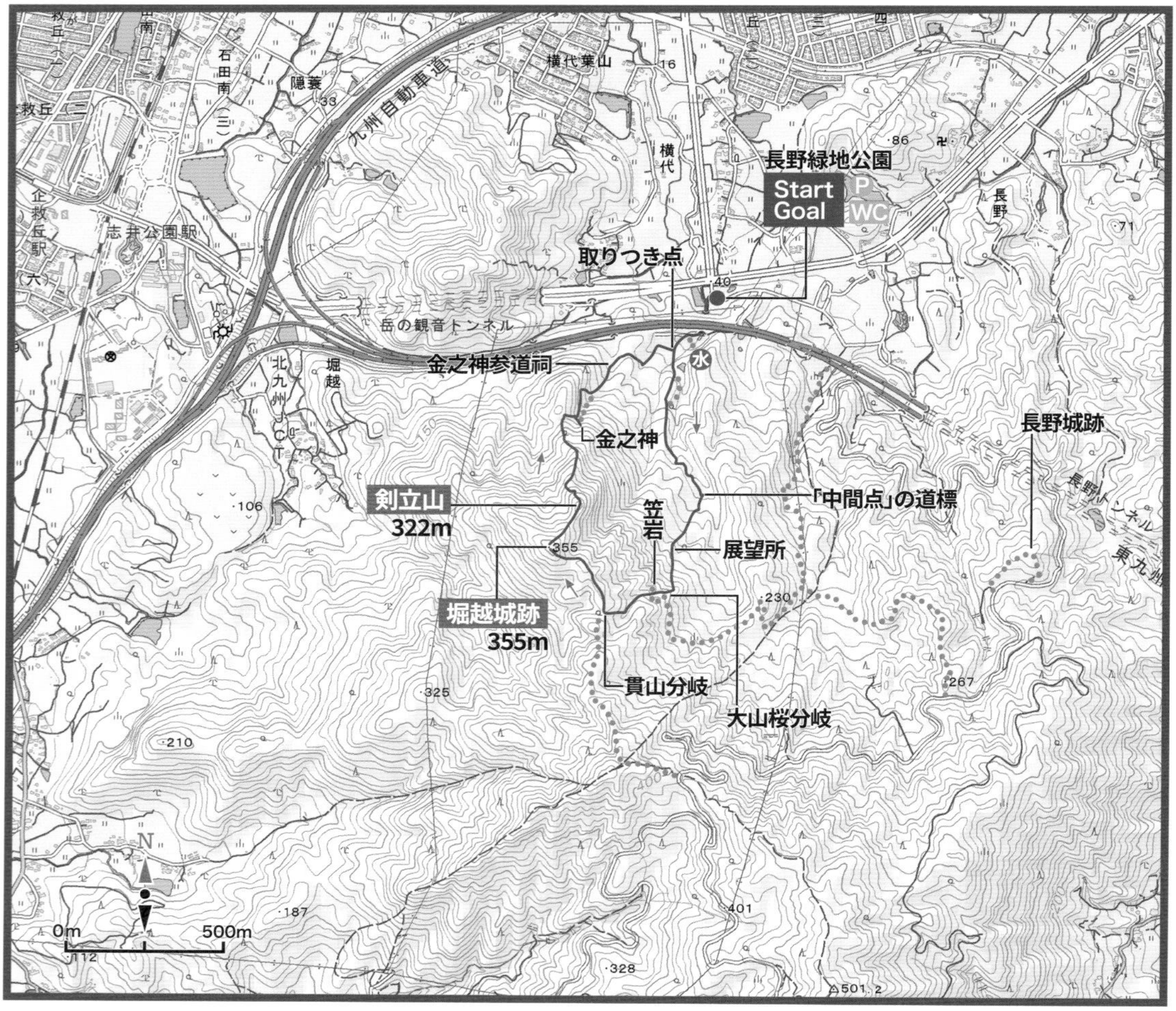

い谷間に続く道は、左手に石祠を見た先で往路の取りつき点に合流する。

［山行アドバイス］

①樹林よし、展望よし、登山道よし、そして巨岩ありの周回ルートは、福岡県下の低山の中でもトップクラスの魅力がある。樹林は、ヤマザクラ、スダジイ、アカガシ、シロダモなどの大木が多く、植林が山麓にわずかという点も好ましい。

②復路にはショートカット道が多数あるが、雨が降ると水路となって崩れやすい。ジグザグの本道をたどろう。

復路の途中にある金之神。ここからショートカットする谷道があるが、参道を下ろう。

山行データ

■スタート地点　長野緑地公園

■スタート地点の緯度経度とマップコード
33度48分58.77秒／130度54分0.66秒
マップコード＝16 228 489*38

■スタート地点と最高点の標高差　約310m

■歩行時間の目安　約１時間50分

■参考コースタイム
長野緑地公園～10分～取りつき点～20分～「中間点」の道標～ 15分～大山桜分岐～ 10分～貫山分岐～ 10分～堀越城跡～ 5分～剣立山～ 15分～金之神～ 15分～取りつき点～ 10分～長野緑地公園（往路：剣立山まで＝１時間10分／復路：剣立山から＝40分）

■関係市町村
北九州市小倉南区役所＝093（951）4111

Route 22

金《かな》山南岳(330)〜金《かな》山北岳(317・3)〜弥勒《みろく》山(230)

展望の山、美林の山、祈りの山を周回する

■登山口=岡垣町

石峠から北上して金山南岳をめざす。大木を擁す縦走路脇の樹林はことのほか美しく、心地よさがじんわり胸に沁みる。

宗像四塚《よつづか》の南部に位置する金山は、四塚縦走の通過点として捉えられることが多く、単独で登る登山者は多くない印象がある。登山口からの距離が短く、単体で考えるといささか物足りない。

しかしながら、金山の西に位置する弥勒山と組み合わせると、美しい自然と信仰の歴史を同時に楽しめる趣深い山歩きとなる。ここでは上畑《じょうはた》登山口(敷島稲荷神社)を基点とした縦走周回路を紹介しよう。

車は敷島稲荷神社前のスペースに止める。車道を戻り、すぐ左手「城山山頂2・4㎞」の道標から未舗装路を5分ほど進み、溜め池の先の舗装路を左折する。道なりに進んで「この先行止/登山道は右」の道標に従って再び溜め池を渡る。三つ目の溜め池を左手に見送った先の右手に取りつき点がある。

ここからスギの植林の中、踏み跡のしっかりした道をたどれば、10分ほどで四塚縦走路との合流点である石峠に出る。ここはこの周回ルートの要となる変則五差路。南を取れば城山、西に向かえば赤間方面へ。4〜5メートル北へ行けば、弥勒山登山口への分岐がある。弥勒山に登ったあと、ここに戻ってくる。よく覚えておこう。金山へは右を取り、道なりに北上する。

石峠から先は急登だが、適度に蛇行した道がついており、地形図で見るより登りやすい。周囲は市街地に近い山とは思えないほど自然豊かで、大木を擁す美しい照葉樹林が続く。

蛇行した道がやや直登気味になり、息が切れ始めるころ、最初のピークに登り着く。その先、わずかに下って登り返したところが金山南岳だ。

金山は北の四等三角点ピークを北岳、南のピークを南岳と呼びならわしている。ほかにもいくつか小ピークがあるため、間違えないように地形

敷島稲荷神社。ここが上畑登山口。車は周辺のスペースに邪魔にならないように止める。

左手に見えるのが「この先行止/登山道は右」の道標。右折して溜め池を横断する。

四等三角点のある金山北岳は、樹林に包まれているが、樹間に少しだけ孔大寺山が見える。

金山南岳からの展望。宗像四塚は鬱蒼とした照葉樹に覆われているため、北の湯川山を除いて好展望の印象は薄いが、南岳は北側が大きく開けている。

石峠はこの縦走周回ルートのポイントとなる地点。宗像四塚を縦走する人の多くが、ベンチでひと息入れてゆく。

図を確認しながら進もう。山頂は宗像方面の展望が開け、宗像大島や地島を望む絶好の展望台である。

南岳から鞍部に下り、再び登り返すと縦に長い平坦なピークに出る。このピークの北西寄りにある弥勒山分岐を見送り、再びアップダウンを繰り返して最後に急登をクリアすれば、金山北岳に到着だ。

展望は利かないが、樹間に孔《こ》大寺《だいじ》山を望むことができる。ベンチがあり、休憩するにはちょうどよい頂である。

次は弥勒山をめざす。縦走路を弥勒山分岐まで戻り、右折して踏み跡の薄い急斜面を下る。斜面沿いにロープが張られており、迷うことはない。

道脇には多数の石仏が安置されている。これは弥勒山が四国八十八ヵ所の霊場を勧請した霊山だから。鞍部から登り返した先の大日如来がおわす広場が弥勒山山頂で、周囲は落葉樹を中心とする自然林に囲まれており、ゆっくりできる気持ちのよい場所だ。

復路は、山頂から南西へ進む。登山道は石祠と僧の石仏がおわす尾根の南西端で大きく方向を変え、尾根の南側を巻くトラバースに変わる。途中、簡易的な小屋があり、奥に千手観世音菩薩が安置されている。

ここが宗像四国東部霊場第六十六番札所。「文化八年」（1811年）の文字が刻まれており、江戸時代から続く祈りの場であることがうかがえる。

そこから道なりに進めば、四国八十八ヶ所霊場を示す石柱の立つ弥勒山登山口の林道に出る。左を取り、次の分岐も左を取れば、やがて林道から登山道に変わる。

ただし、やや荒れている。

宗像四塚縦走路から西へ外れ、弥勒山へ。道脇のあちらこちらに石仏が並ぶ。

弥勒山山頂。祈りの場として古くから信仰を集めている場所だ。落葉樹が美しい。

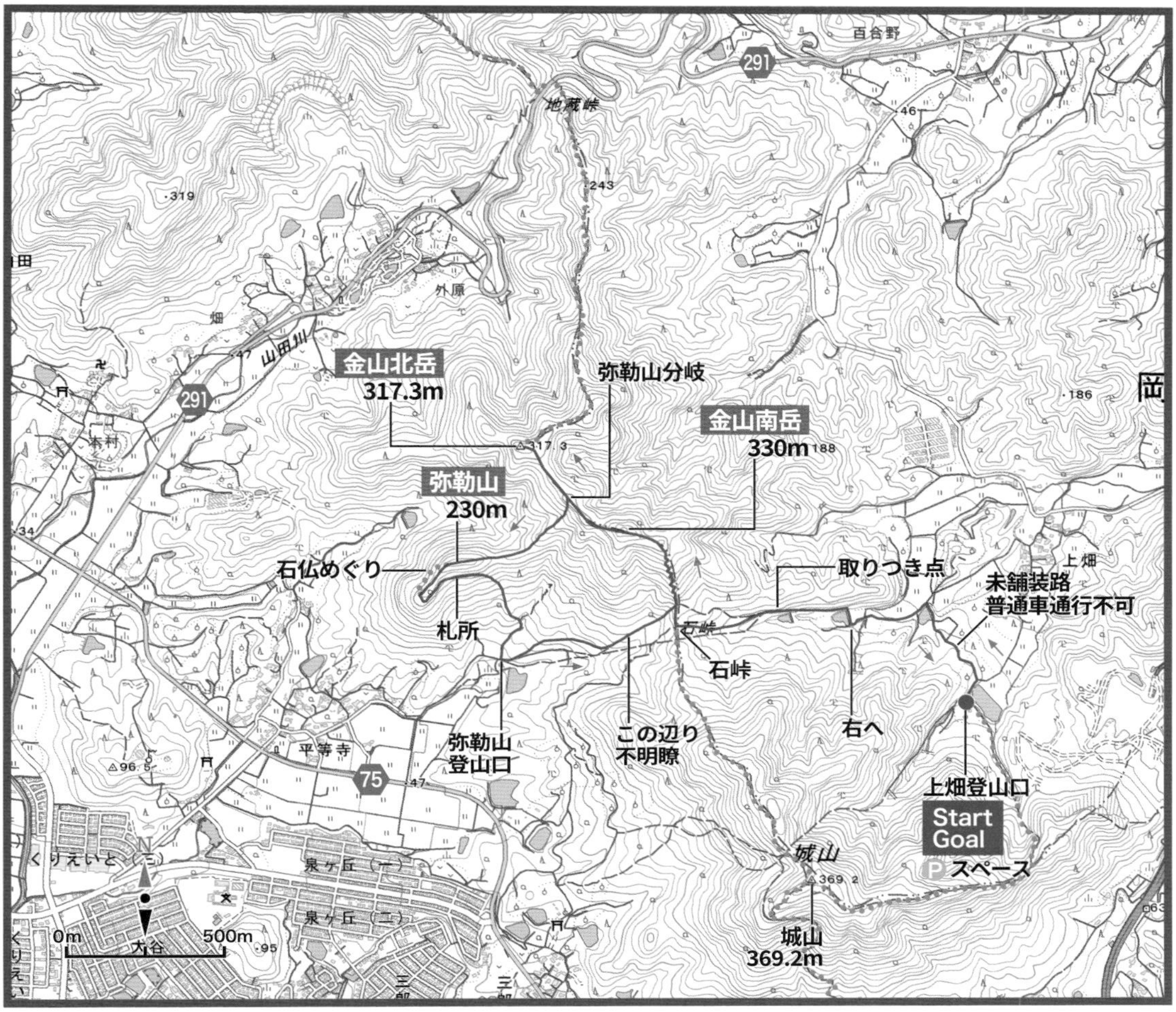

踏み跡も薄いため、慎重に進もう。涸れた沢を詰めてゆけば、石峠の北側で四塚縦走路に合流する。石峠からは往路を戻って下山する。

［山行アドバイス］

①金山まではよく整備された道が続く。小学生くらいであれば、親子で歩いても楽しめる。弥勒山は踏み跡が薄い部分があり、どちらかというと経験者向きである。

②弥勒山北西斜面には石仏めぐりができる巻き道がある。ただし、人がほとんど歩いていないため、トレースは極めて不明瞭である。

弥勒山登山口。左手に見える石柱が四国八十八ヵ所霊場を示している。

山行データ

■スタート地点　上畑登山口（敷島稲荷神社）

■スタート地点の緯度経度とマップコード
33度49分26.42秒 ／ 130度35分44.56秒
マップコード＝68 551 442*14

■スタート地点と最高点の標高差　約215m

■歩行時間の目安　約２時間30分

■参考コースタイム
上畑登山口（敷島稲荷神社）～５分～舗装道出合い～ 10分～取りつき点～ 10分～石峠～ 25分～金山南岳～５分～弥勒山分岐～５分～金山北岳～５分～弥勒山分岐～ 20分～弥勒山～ 25分～弥勒山登山口～ 20分～石峠～ 20分～上畑登山口（往路：金山北岳まで＝１時間／復路＝金山北岳から＝１時間30分）

■関係市町村
岡垣町産業振興課商工観光係＝093（282）1211

展望抜群の三日月山山頂。荒天の日を除けば、必ずと言っていいほど登山者の姿がある。

三日月山霊園にある三日月山取りつき点。歩きやすい遊歩道が整備されている。

Route 23

三日月山《みかづき》(272)～城ノ越山《じょうのこし》(180)

三日月湖を一周する身近なロングトレイル

■登山口＝福岡市東区

長谷《ながたに》ダムは1993年竣工の河道外貯留ダムである。それによってできた湖を三日月湖と呼ぶ。てっきり「みかづきこ」かと思ったら、湖畔に設置された記念碑には「みかづきのうみ」と記されている。いずれにしても「みかづき」は、ダムの北にある三日月山に由来する。

三日月山は福岡市東区と久山町の境界に横たわり、手軽に登れる観海の山として、あるいは北に位置する立花山との縦走で人気が高い。この二座をめぐるルートに関しては、古くからいろんなガイドブックに取り上げられている。よって、ここでは少しひねって、三日月湖を挟んで南に対峙する城ノ越山との周回ルートを紹介しよう。

スタート地点は、長谷ダム北側の駐車場とする。まずは三日月山霊園の遊歩道を北へたどり、三日月山取りつき点から山道に入る。間もなく尾根に乗り、道なりに北へたどって鞍部の分岐へ下る。

左は霊園の墓地を経由して上がってきた道で、残る二本が三日月山への登路である。墓地経由の隣は緩やかに蛇行する遊歩道、その右が直登ルートである。直登ルートを取り、自然林の中、高度を上げてゆく。標高200メートル地点にある四差路を直進すれば、やがて視界が開け、三日月山山頂へ至る。ちなみに四差路を左へ進めばすぐ遊歩道に接続し、右を取れば山腹を巻いて長谷尾根ルートに合流する。

三日月山の山頂は、草付きの小広場で展望抜群。博多湾から福岡市街地、脊振山系、若杉山、犬鳴山系などを望む。悪天候の日を除いて、登山者の姿を見ない日はないくらいの人気の頂である。

長谷尾根の小ピークでは「九九山」「掛山」といったプレートを見る。

長谷ダムの南側にある長谷尾根取りつき点。ここに下りて、堰堤を渡る。

ひと息入れたら山頂から東へ進み、長谷尾根に入る。三日月湖に沿って南東へ延びる長い尾根で、長谷ダムの堰堤に出るまで標高差は約140メートル。ただし、下り一辺倒ではない。途中、小ピークがいくつかあって、急降下や急登もある。加えて、とにかく長い。心してかかろう。

最初の目標は、246・3四等三角点。そこから南西に進路を変えて急降下し、三日月橋へのエスケープルート分岐を二ヵ所通過する。次のランドマークは187標高点ピークで、緩い上りが続いたあと、急な階段が控えている。187標高点ピークには送電鉄塔が立っており、直前で西へ巻いて進む。

その先もさらにアップダウンは続き、「九九山」のプレートの立つ小ピーク、同じく「掛山」の小ピークを越える。道なりに南東にたどり、右手に反射板が見えてきたら、ようやく長い尾根歩きの終わりは近い。斜面にジグザグに切られた登山道を下ると、車道脇の長谷尾根取りつき点に出る。

長い長谷尾根は、ところどころで植林が迫ってはいるものの、株立ちしたタブノキやヤマモモの大木が点在し、未来へ残したい自然の森が残っている。感覚的には下っているのか登っているのか分からないほどアップダウンがあるが、上りよりは下りのほうが楽だろう。

さて、ここから堰堤の上を通り、三日月湖の西側へ回り込み、トンネルの出入り口のそばから山道に入る。この地点がいささか分かりにくい。よく目を凝らすと、林の中に九電の送電鉄塔巡視路を示す標柱が見える。それを手がかりに浅い谷間を進むと、すぐさまロープの急登に変わる。鉄塔巡視路のステップが崩れているところがあり、尾根に出るまで気が抜けない。

登り上がった尾根は、三日月湖のすぐ西側に連なっており、これを北上して城ノ越山をめざす。福岡市東区香椎の住宅地が西麓に迫る小さな山塊だが、小ピークがいくつもあって地形は思いのほか複雑である。また、城ノ越山まで登山道は整備されているとは言い難く、踏み跡の薄い部分も多々ある。地図、GPSアプリを使って慎重に行動しよう。

トンネルの南口から鉄塔巡視路を目標に取りつくと、間もなく急な階段が待ち受けている。このあとトラバース道になるが、足場の悪いところもあり、尾根に出るまで気を抜けない。

尾根合流点から右(北西)を取り、しばらく歩くと最初の小ピークに達する。ここはつい北へ直進しそうになるが、左(西)へ直角気味に曲がって下る。その先、緩く登った小ピークには「谷口山」のプレートを見る。さらにアップダウンは続き、荒れた竹林の鞍部を抜けて登ったところが城ノ越山山頂である。狭い頂にベンチが一つ置かれている。鬱蒼とした樹林に包まれて展望は利かない。

この先、踏み跡は比較的明瞭になり、次の城ノ越山北峰まで5～6分の距離だ。この頂も展望は利かないが、雰囲気のある静かな山頂である。

北峰からいったん南へ下って回り込み、北へ進路を変えてしばらくで香椎分岐に出合う。小ピークに登って西へ下り、傾斜が緩むと平坦な道が続く。タブノキやスダジイの大木が点在する気持ちのいいプロムナードで、道なりに進むと分岐に遭遇する。

直進は、草場山のプレートのある小ピークへ至る。ここ

しっとり落ち着いた雰囲気の城ノ越山北峰。周辺には渋い輝きを放つ自然林が残っている。

最後の分岐。「三日月ルート」に従って右を取る。城ノ越山には分岐がいくつもある。地図やGPSアプリを使って慎重に歩こう。

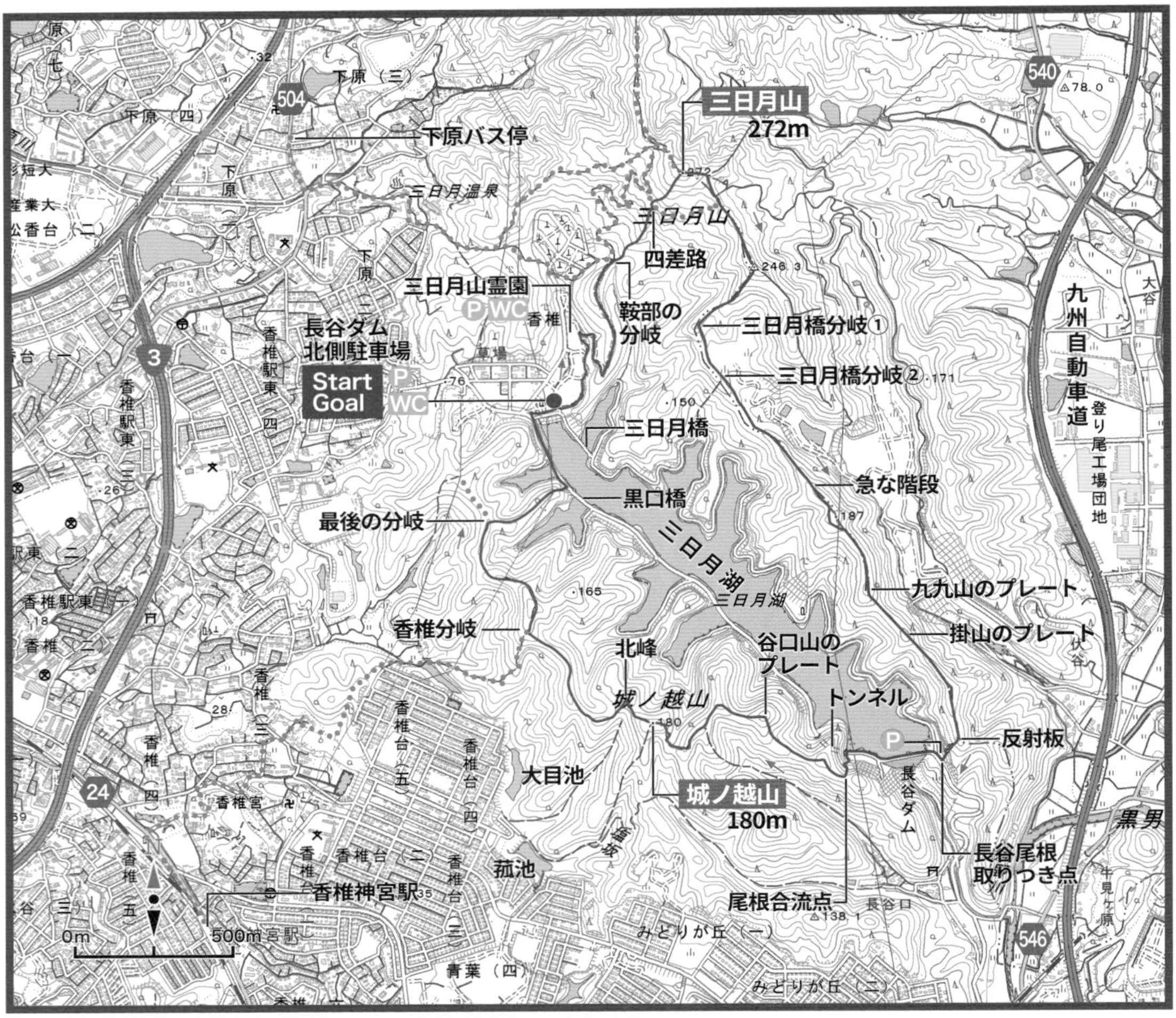

は右を取って平坦地を抜け、東へ下って間もなく黒口橋北側の車道に下り立つ。あとは車道を北上してスタート地点に戻るだけである。

［山行アドバイス］

①三日月湖の周囲に連なる尾根を一周するルート。都市近郊の山には珍しく距離、アップダウンともにあって、歩き応えがある。どちらかといえば健脚向きと言えよう。②後半の城ノ越山一帯は、標高200メートルに満たない山塊ながら、渋い輝きを放っている。小ピークが点在する複雑な地形に加えて、登山道も明瞭でない部分が多い。ビギナーの単独行や子ども連れのファミリーにはおすすめできない。裏を返せば、GPSアプリを使った地図読みのトレーニングにもってこいの山とも言える。③三日月湖畔の車道は交通量が多く、飛ばす車も少なくない。通行、および横断する際は十分注意のこと。

山行データ

■スタート地点　長谷ダム北側駐車場

■スタート地点の緯度経度とマップコード
33度39分53.02秒／130度27分49.43秒
マップコード＝13 595 357*61

■スタート地点と最高点の標高差　約200m

■歩行時間の目安　約２時間50分

■参考コースタイム
長谷ダム北側駐車場～20分～鞍部の分岐～25分～三日月山～20分～三日月橋分岐②～30分～掛山のプレート～20分～長谷尾根取りつき点～10分～尾根合流点～15分～城ノ越山（南峰）～10分～香椎分岐～15分～黒口橋～5分～長谷ダム北側駐車場（往路：長谷尾根取りつき点まで＝１時間55分／復路：長谷尾根取りつき点から＝55分）

■関係市町村
福岡市東区企画振興課＝092（645）1012

Route 24

飯盛山《いいもり》（382・4）〜日向山《ひなた》（340）〜高地山《こうち》（419・4）

都市近郊にある低山をつないで歩く

■登山口＝福岡市西区

日向山の先のベンチのある展望所にて間近に迫る飯盛山を望む。市街地から眺める姿とはひと味違う山容である。

福岡市の西部に特徴的な形で目を引くのが飯盛山である。その山姿はよく目立ち、山登りをしない人の記憶にも残る山だろう。いま一つは、山麓にある飯盛神社が流鏑馬《やぶさめ》で広く知られていることも手伝ってこの山の知名度を上げており、休日・平日を問わず登山者の姿は絶えない。

登山口はその飯盛神社で、駐車場は複数ある。いずれも無料で駐車できるのは本当にありがたい。

尖った山容からも分かるように急登が多く、特に山頂直下にはロープ場やちょっとした岩場などがある。低山といっても、決して舐めていけない山である。それもあって飯盛山を往復するのが一般的だが、近年は日向山や高地山まで足を延ばす人が増えている。

そうした事情を勘案して飯盛山、日向山、高地山の頂を踏んで往復する歩き応えのあるルートを案内する。

駐車場をスタートし、まずは飯盛神社に参拝。そのあと文殊堂に立ち寄り、堂内に湧く「知恵の水」をいただいていこう。

文殊堂から鳥居の前に戻って西進し、しばらくは舗装された飯盛林道をたどる。周囲は植林帯だが、野鳥が多く、右手には庭園ふうの場所などがあり、さほど退屈しない。

取りつき点は、立派なお社の立つ中宮にある。飯盛山へ向かう道は、中宮階段手前の道標から取りつく修験の道、中宮の階段を登った先から取りつくご縁結びの道、林道を登り詰める紫陽花の道と三本ある。

飯盛山山頂の奥にひっそりと鎮座する飯盛神社上宮。

迎岩の先から傾斜が増し、とりわけ山頂直下の「かずら坂」の上りは険しい。

飯盛神社中宮から三本のルートが延びている。修験の道の取りつきは右手にある。

日向山を示す小さな山頂標識。頭上は開けており、展望もよい。

日向山の直前から望む脊振山系。飯盛山〜高地山を結ぶ縦走路には好展望地が点在する。

高地山山頂。二等三角点があるものの、通過点のような目立たない頂である。

復路でご縁結びの道を取ると、真新しい鳥居のある中宮跡に出合う。

縦走路は硬く踏まれており、歩きやすい。特に危険なところもない。

ここでは、往路に修験の道、復路にご縁結びの道をたどることにして、中宮の階段の手前から道標に従って山道に入る。アリドオシやユズリハを見ながら狭い登山道をしばらく登ってゆくと、左手の谷間にチョックストーンを見る。

その先で分岐が連続するが、いずれもご縁結びの道への連絡路。無視して道なりに直進すれば、ひと上りで迎《むかえ》岩に到着する。ここからが辛抱のしどころで、急登が始まる。ゆっくり高度を上げていこう。

途中、南西方向に進路を変え、やがてご縁結びの道を左手に合わせる。「王桜百貫石」の道標がある地点だ。山頂はもう間近だが、標高差は約50メートルあって、もうひと踏ん張り必要である。

息が上がるころ、左手に四等三角点を見て、縦に長い山頂に飛び出す。樹林に囲まれており、展望は樹間にほんのわずか。奥にひっそりとたたずむ飯盛神社の上宮がある。

縦走路は上宮を右手に見てすぎ、南西へ尾根を急降下する。下りきった鞍部に再び分岐が連続する。最初は左へ日向みちを分け、次は右に西部霊園へからの道を合わせる。

その先、緩く登り返し、小ピークにあるベンチを見た次のピークが日向山で、脊振山系の展望がよい。小さなプレートには標高３５５メートルとあるが、地形図から読み取れる値もGPSの値も約３４０メートルである。

日向山から北西に進路を取ると、間もなくベンチのある展望所があり、独特の形をした飯盛山を間近に望む。ここはひと息入れてゆきたい場所である。

腰を上げて、ヒノキ林が続いていた左手が自然林に変わると、高地山はもうすぐだ。糸島眺台からひと上りで叶《かのう》岳と高祖《たかす》山を結ぶ稜線に出て、そこから右へわずかで二等三角点(東ノ原/４１９・４)のある高地山山頂に立つ。

通過点のような特徴のないピークで、樹林に包まれて展望は利かない。稜線合流点にあるベンチでひと息入れたら、飯盛山まで往路を戻ろう。

その先は「王桜百貫石」分岐から右を取って、ご縁結びの道に入る。長く急な下りでロープが張られている。途中、右手の樹林の中に王桜が立つが、柵があって近寄れず、詳細は分からない。

下り切ると周囲が開け、右

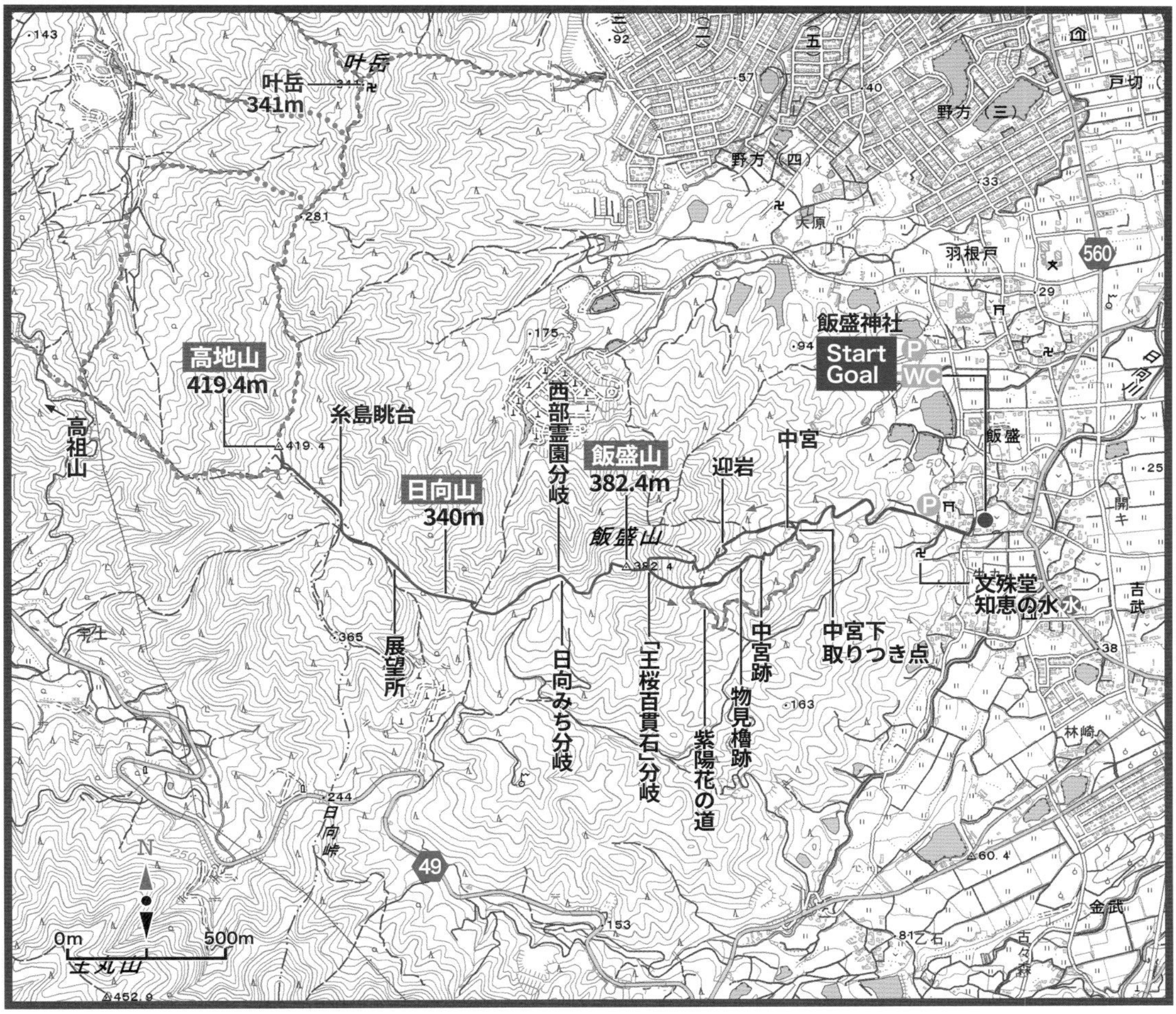

手に舗装林道を合わせる。これが紫陽花の道で、6月初旬ごろの花の時季ならこれを下ってもよかろう。

それ以外の季節は道なりに直進し、大岩が連なる物見櫓跡、中宮跡を見物して帰ろう。中宮跡から右へ階段を下ると、中宮の境内を抜けて飯盛林道に出る。

［山行アドバイス］

①子ども連れなら飯盛山だけにしよう。それでも十分楽しめる。その場合は、三本ある道を上手に組み合わせて周回するといい。山頂直下にちょっとした岩場やロープ場はあるが、用心すれば大丈夫。

②高地山へ続く縦走路はアップダウンが多い。けっして無理はしないように。疲れた場合は、躊躇なく途中で引き返そう。

③地下鉄やバスを使えば、叶岳や高祖山へ縦走することもできる。身近な低山をつないで縦走するプランは一考に値する。

山行データ

■スタート地点　飯盛神社

■スタート地点の緯度経度とマップコード
33度32分16.85秒／130度18分37.19秒
マップコード＝13 127 166*65

■スタート地点と最高点の標高差　約370m

■歩行時間の目安　約３時間15分

■参考コースタイム
飯盛神社〜20分〜飯盛神社中宮下取りつき点〜25分〜「王桜百貫石」分岐〜5分〜飯盛山〜25分〜日向山〜20分〜糸島眺台〜5分〜高地山〜25分〜日向山〜25分〜飯盛山〜5分〜「王桜百貫石」分岐〜15分〜中宮跡〜10分〜飯盛神社中宮〜15分〜飯盛神社（往路：高地山まで＝１時間40分／復路：高地山から＝１時間35分）

■関係市町村
福岡市西区企画振興課＝092（895）7006

Route 25

六ヶ《むつが》岳（338・8）

県下の有名峰を一望する大展望の山

■登山口＝宮若市

　六ヶ岳は、宮若市、鞍手町、直方市にまたがる山塊である。西の西山と東の福智山を結ぶラインのほぼ中央に位置し、遠くから眺める山姿は昔のアニメ「まんが日本昔ばなし」に出てきそうなもこもこした形をしている。

　山名は六つのピークが連なることに由来し、それぞれ旭岳、羽衣《はごろも》、崎門《さきと》、天冠《てんかん》、高祖《こうそ》、出穂《でほ》という名前を持っている。

内野池登山口の駐車場。高架橋からここまで林道はとても狭い。運転は慎重に。

辻と書いて「つむじ」と読ませるようだ。重要な四差路で、往路は右折、復路は直進する。

　そして、この六つの名前は、この山に残る宗像三女神降臨伝説に深く関わるものだそうである。

　さらにいえば、一見どこにでもありそうな山名だが、手許の『日本山名事典』によればなんと全国でただ一つ。自慢していいのかどうか分からないけれど、ふるさとの低山が神話の時代につながっていることは確かである。

　登山口は各市町にそれぞれあるが、宮若市側からの周回ルートを案内しよう。六峰を一日でめぐることもできるとはいえ、低山歩きとしてはかなりハード。いくつかの頂を踏み、ルートをある程度把握してからチャレンジしていただきたい。

　宮若市側からの登山道は内野池から延びている。すぐそばに駐車場もある。昔から六ヶ谷登山口、龍徳《りゅうとく》登山口など呼称はいろいろあるが、分かりやすく内野池登山口としておく。

　駐車場で二手に分かれる道は、「六ヶ岳」の案内道標に従って右の簡易舗装路に入る。次の分岐から左に折れて池の北側へ回り込み、竹林を抜ける。道なりに「辻《つむじ》」と呼ばれる四差路まで谷を詰め、右折して尾根に踏み換える。

　ヒノキ林の中の急登に変わり、六ヶ岳山頂（旭岳）まで100メートルちょっとの上りである。周囲にササが現れると、ひと上りで草付きの山頂に飛び出す。四囲が開け、展望は雄大の一言。福智山、英彦山、古処《こしょ》三山など県下の有名峰が一望の下だ。これぞ六ヶ岳の最大の魅力である。

　展望を胸に収めたら、西へ進路を取り、まずは羽衣をめざす。いったん下って小ピークを越え、登り返した平頂が羽衣である。

　問題はここからだ。整備が進み、ずいぶん歩きやすくなったとはいえ、連続するアップダウンに加えて、踏み跡の薄い部分もある。また、ルートが多数あって、いくつもの分岐に遭遇する。

　分岐には私標が設置されているものの、聞き慣れない山名が書いてあったりして混乱する人もいることだろう。ビギナーや初めて訪れる人には往路を戻ることをおすすめしておくとして、この先は山に慣れた人向けに鳴谷平へ下り、崎門、天冠の頂に立ち、辻を経て登山口へ戻るルートをたどることにしよう。

　羽衣から南へ急降下した浅い谷間が鳴谷平で、照葉樹林がことのほか美しく、心和む場所である。この縦走路の中

電波塔がそびえる六ヶ岳（旭岳）山頂。ここまで難しいところはなく、いつも登山者で賑わっている。

六ヶ岳山頂から福智山系を望む。この大展望こそ六ヶ岳の最大の魅力である。

のハイライトと言ってよく、ひと息入れていこう。

鳴谷平から左を取れば辻へ戻ることができるが、右(北)へ谷間を詰め、三差路からひと上りして崎門へ。平坦な山頂は北側の展望が開け、宗像三女神を祀る六嶽神社の上宮が鎮座する。余談ながら書いておけば、六ヶ岳の古称は崎門山だそうである。

崎門から北西へ下り、登り返した252標高点ピークが天冠である。歴史的に神聖な場所だったと思われるが、今やこれといった特徴のない平頂である。ヒノキ林に囲まれて展望もない。

復路は、尾根を南へ下り、途中から南東へ進路を変えて斜面を下る。谷に下りた地点で椿谷池方面への道を右手に分け、登り返して尾根を乗っ越すと谷間の四差路に出る。椿谷池、高祖への道を見送り、踏み跡の薄い谷間を北東へ詰めると廃寺を見る。生い茂る草木に飲み込まれそうな中、

木洩れ陽の射す鳴谷平。美しい照葉樹に包まれた広い谷間で、手作りのベンチが設置されている。

鳴谷平への急な下り。羽衣から先は、踏み固められていない登山道や踏み跡の薄いところが多々ある。その意味でも山慣れした人向きと言える。

復路で出合う廃寺。緑に侵食されている。

ヒノキ林に包まれて殺風景な天冠山頂。

六嶽神社上宮がおわす崎門の山頂。

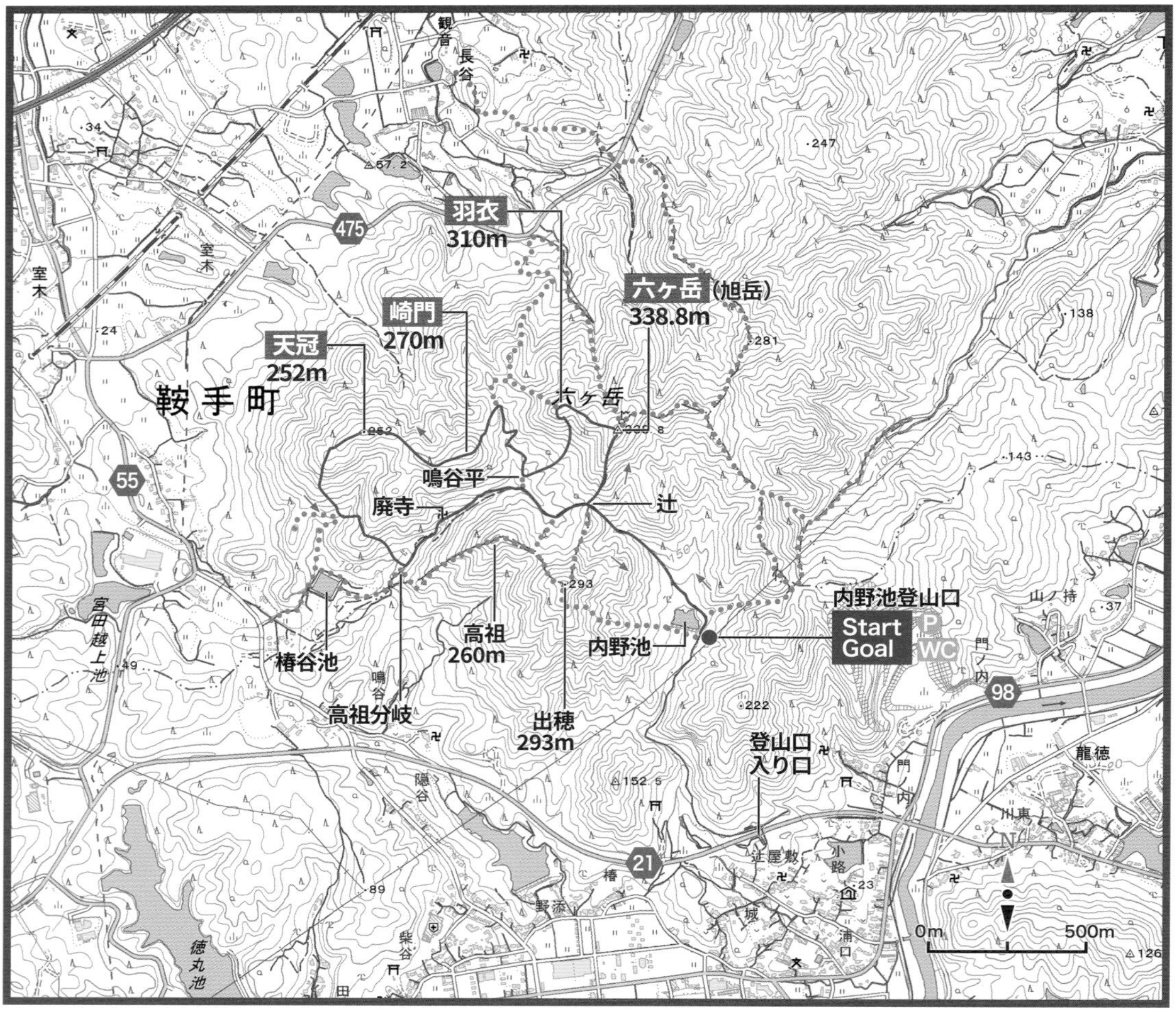

御堂跡や石仏が寂しげに残っている。

道なりに谷を詰め、鳴谷平の南直下を通過すると、間もなく辻の四差路に戻る。廃寺周辺は荒れた雰囲気が漂い、踏み跡の薄い部分もあるが、山慣れた人なら支障なく歩けるだろう。

［山行アドバイス］

①内野池登山口へ続く林道入り口が分かりにくい。県道21号に架かる高架橋に上がり、急ターンして高架橋を渡る必要がある。また、登山口までの林道は簡易舗装されているが、かなり狭い。大型車は無理をしないほうがよい。

②驚くほどルートが多いのも六ヶ岳の特徴である。それゆえ、あちらこちらで分岐に出合う。その都度地図、GPSアプリを確認して、慎重に歩を進めよう。

③六峰めぐりは、きついアップダウンが多くてハード。暑い時季を避け、秋から春にチャレンジしたい。

山行データ

■スタート地点　内野池登山口

■スタート地点の緯度経度とマップコード
33度44分31.16秒／130度41分2.45秒
マップコード＝68 262 551*36

■スタート地点と最高点の標高差　約210m

■歩行時間の目安　約2時間55分

■参考コースタイム
内野池登山口～ 20分～辻～ 20分～六ヶ岳(旭岳)～ 10分～羽衣～ 20分～鳴谷平～ 20分～崎門～ 10分～天冠～ 35分～高祖分岐～ 5分～廃寺～ 20分～辻～ 15分～内野池登山口(往路：天冠まで＝1時間40分／復路：天冠から＝1時間15分)

■関係市町村
宮若市産業観光課＝0949(32)0519

Chapter 6

古代への回廊をめぐって

人は石を積み、歴史を作った。
悠久の人為の痕跡を訪ね歩く。

Route 26

御所ヶ岳《ごしょがだけ》（246・9）

古代史の悠久のロマンに触れながら歩く

■登山口＝行橋市

馬ヶ岳(42ページ)の項で紹介したように、御所ヶ岳(別名ホトギ山)は行橋市とみやこ町の境界にあり、馬ヶ岳とは峰続き。それゆえ、この二座はセットで語られることが多く、縦走も可能である。

しかしながら、中世の山城跡である馬ヶ岳に対して、御所ヶ岳には山中深く古代の遺構が眠っている。国指定遺跡「御所ヶ谷神籠石《こうごいし》」がそれで、山全体が古代の巨大な城郭と言っても過言ではないほどで、登山道脇でその痕跡を見ることができる。二つの山は趣を異にし、それぞれに魅力がある。一日でめぐるのは、もったいない気がしてならない。

そうした理由から個別に取り上げる次第。古代史のロマンに触れながら、半日どっぷり遊べる周回ルートを案内しよう。

御所ヶ岳の北麓には御所ヶ谷住吉池公園が整備されており、県道58号津積《つづみ》の交差点から南進すると、住吉神社のある第一駐車場、道路を挟んだ向かい側に第二駐車場がある。そこから御所ヶ谷林道をさらに上り詰めた林道終点が取りつき点を兼ねた第三駐車場で、4台ほど止められる。

登山道は、東へ回り込む東門跡経由と、南へ直進する中門跡経由とがあるが、ここは案内板の前から直進してまずは中門跡をめざす。

石仏めぐりの一つ、阿弥陀如来像を左手に見て進むと、登山道脇に上部から垂れ下がる不思議な植物を見る。常緑性のシダ植物、ヒモヅルである。詳述は避けるが、環境省によって絶滅危惧種に指定されている福岡県の天然記念物で、県内ではここでしか見られないそうである。

その先、右手に渓流を見て進むと突然視界が開け、木橋の向こうに巨大な石を丁寧に積み上げた遺構が姿を現す。これが中門跡。御所ヶ谷神籠石の一部である。

神籠石とは、山腹を取り囲むように列石や土塁を配した遺跡の総称である。発見された明治時代から神聖な場所を区画したものという説と、大規模な城郭であるという説の論争が長らく続いたが、現在は城郭説が確定的となり、神籠石式山城と呼ぶこともあるそうだ。

当地のそれは、御所ヶ岳山頂から西へ延びる稜線の北側一帯に広がる壮大な姿が明らかになっており、中門跡には通水口が見られるなど、各地にある神籠石式山城の中でも

御所ヶ谷林道の終点にある第三駐車場。ここから正面奥へ取りつく。

中門跡の分岐。左は東門跡を経由する尾根道。直進は谷道。両者は先で合流する。右手は景行神社を経由して復路に下りてくる。

中門跡から左を取り、東門跡へ向かう。周辺は樹木が刈り払われて明るくなった。

稜線直下の上り。けっこう急だが、距離は短い。数分の辛抱である。

古代のロマンを今に伝える中門跡。完成度が高いといわれる御所ヶ谷神籠石の一部である。手前下部の右に突き出した部分が通水口。

とりわけ完成度が高いことで知られる。

さて、神籠石の説明はこれくらいにして先へ進もう。

中門跡から登山道は三つに分かれる。左は東門跡を経由する尾根道。直進は弘法大師像の前を抜ける谷道で、前述の尾根道に合流する。右は奥ノ院へ経て稜線へ。復路にこれを使う。

左を取り、近年整備された木段を登ると北側が開けた好展望地をすぎ、東門跡に出る。ここは三差路で、左はスタート地点に通じている。右を取って間もなく右手に谷道を合わせ、稜線から北西へ延びる尾根を忠実になぞってゆく。

左手の谷筋に列石を見たあ

古い道標が立つ御所ヶ岳山頂。右手に馬ヶ岳山頂と二ノ丸跡がのぞく。

見張台への縦走路。シダの生い茂るところもあるが、自然林が多く、軽快に歩ける。

御所ヶ岳山頂から縦走路を西へたどる途中にある展望岩。南側が開ける。

景行神社を振り返って撮影する。裏手に往時を偲ばせる礎石建造物跡が残っている。

奥ノ院分岐。見張台から引き返し、左折して奥ノ院方向へ下る。

西端にある220標高点。見張台と呼ばれる場所で、少し下ると大坂山を望む。

と、発掘中の第二東門跡の先から樹林の中に入ると傾斜が増し、ロープの張られた急登の末に稜線にたどり着く。

　御所ヶ岳山頂は、そこから左へ数分のところ。こぢんまりとした頂で、ベンチが一つ置かれている。展望もよい。ここから稜線を西へたどり、西端の見張台(２２０標高点ピーク)へ足を延ばしてみよう。多少アップダウンはあるものの、自然林が多く、南の展望が開ける場所もある。

　山頂から西へ進むと、すぐ左手に展望岩を見る。もう一ヵ所展望所をすぎ、小ピークを三つ越えると、奥ノ院への道を右(北)に分ける。

　さらに西進し、緩く登って見張台に到着する。少し下ると西側が開け、大坂山とその手前にある２３４・２ピークを間近に望む。ここから尾根を北へ下ると第二西門跡へ出るが、引き返して奥ノ院分岐から奥ノ院、景行神社をめざそう。

　照葉樹林に包まれた谷間を下ること数分で、左手の岩壁に今にも崩れ落ちそうなお社が見える。これが奥ノ院である。残念ながら、解説板などの類はなにもなく、言及のしようもないが、この北側山腹にある景行神社の奥ノ院なのだろう。周囲はほの暗く、湿った空気が漂っている。

　そのまま谷を40メートルほど下って右(東)の尾根に踏み換えると、不意に前方が開け、景行神社の裏手に出る。三差路で、神社を巻いて谷へ下る道を左(西)に分ける。

　直進すると、礎石建造物跡を見て景行神社の広い境内に出る。頭上はぽっかりと開け、一見グラウンドのような不思議な空間である。

　景行天皇は、日本武尊《やまとたける》の父である。九州巡幸でも知られ、九州各地に伝承が残っている。「御所ヶ谷」という地名はその一つで、熊襲《くまそ》征伐のおり、この地に行宮を設けたという言い伝えによるそうだ。

　明るい境内を横切って下ると、中門跡を眼下に見下ろす展望の小ピークに至る。その手前は三差路で、西から景行

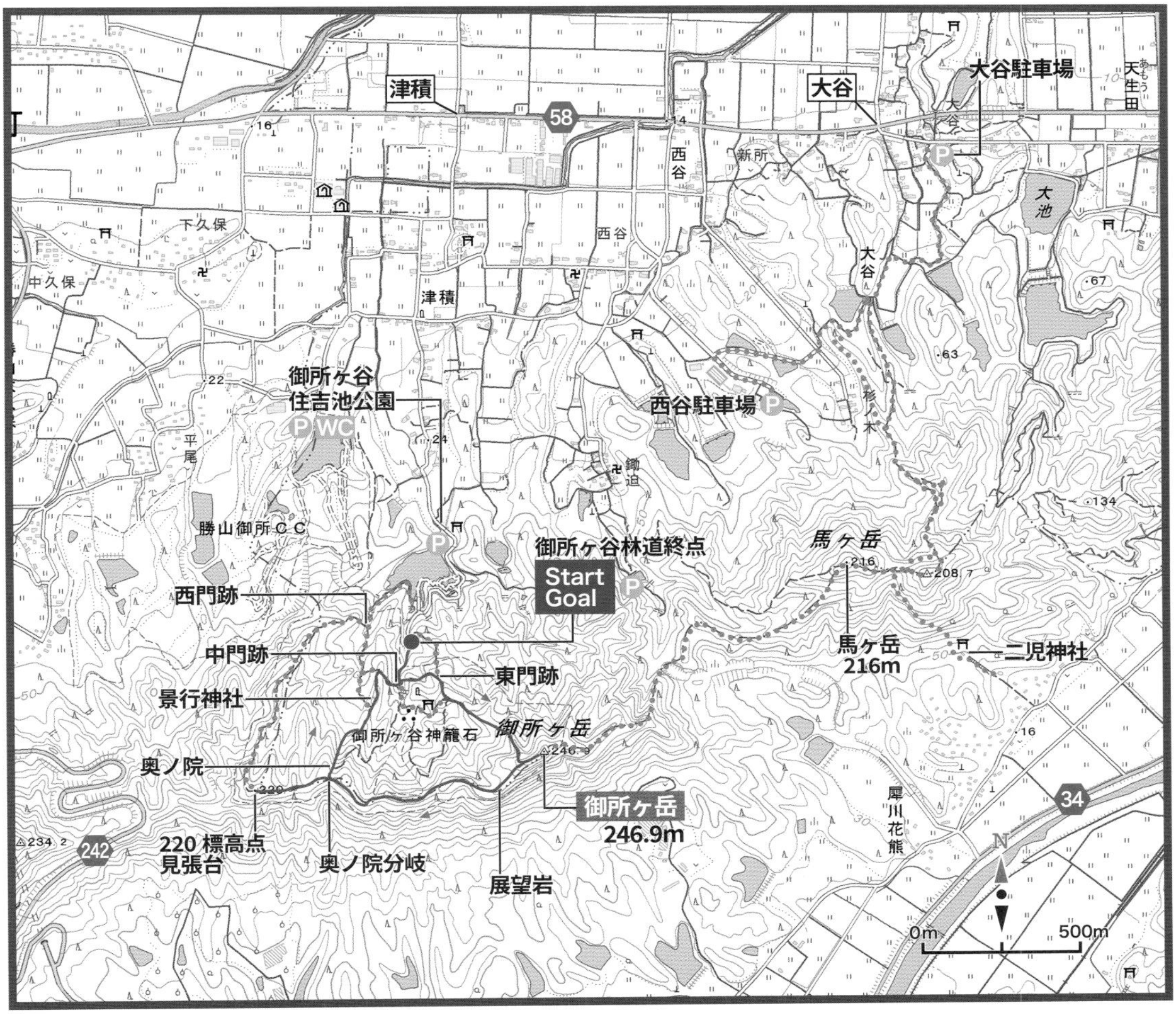

神社を巻いた谷道が合流する。東へ下ればすぐ中門跡に帰り着く。御所ヶ谷神籠石は今なお発掘調査中で、周辺の登山道は再整備が行われている。現状では、ここに記した周回ルートがベストだろう。

　景行天皇九州巡幸の伝承といい、壮大な御所ヶ谷神籠石といい、この地は古代において一体どんな役割を果たしていたのだろうか。そんなことを考えながら歩くと、御所ヶ岳の魅力がいっそう輝きを増すに違いない。

［山行アドバイス］

①数年前に比べると、中門跡や東門跡周辺が再整備され、すっきり明るくなった感がある。登山道は明瞭で歩きやすく、要所には道標が立っている。中門跡の巨大な遺構だけでも一見の価値がある。②西端の見張台に立ったあとは、奥ノ院分岐まで引き返そう。奥ノ院周辺の谷間の道は、足場の悪いところがある。慎重に下ること。

山行データ

■スタート地点　御所ヶ谷林道終点（第三駐車場）

■スタート地点の緯度経度とマップコード

33度40分35.45秒／130度55分52.83秒
マップコード＝96 622 721*50

■スタート地点と最高点の標高差　約180m

■歩行時間の目安　約１時間45分

■参考コースタイム

御所ヶ谷林道終点～5分～中門跡～5分～東門跡～25分～御所ヶ岳～25分～奥ノ院分岐～10分～見張台～10分～奥ノ院分岐～15分～景行神社～10分～御所ヶ谷林道終点（往路＝35分／復路＝１時間10分）

■関係市町村

行橋市教育委員会文化課＝0930（25）1111

Route
27

大城山《おおき》（410・0）〜大原山《おおばる》（354）
古代に築かれた壮大な土塁をめぐる

■登山口＝太宰府市

大陸との緊張が極度に高まった7世紀、本土防衛のため九州北部には相次いで巨大な山城が築かれた。きっかけは633年の白村江の戦いにおいて唐・新羅軍に大敗したことによる。巨大山城とは、基《き》肄《い》城（基山）、大野城などで、前項で案内した御所ヶ谷神籠《こうご》石《いし》も同じ目的で築造されたのではないかといわれている。

ここでは、そうした山城群の一つ、大野城にスポットを当ててみよう。ちなみに大野城は、太宰府市、大野城市、宇美町にまたがる四王寺山に築かれた朝鮮式山城で、現在は「大野城跡」として国の特別史跡に指定されている。

大野城の構造的な特徴として真っ先に思い浮かぶのは、稜線に築かれた土塁である。これをなぞり、西のピーク・大城山、東のピーク・大原山の頂を踏んで周回するのが四王寺山土塁めぐりである。

土塁の総延長は約8キロある。低山歩きとしてはいささか長く、山麓の登山口から歩き始めると距離はさらに延びる。そこで、土塁上の一角、南にある焼米ヶ原をスタート地点とする。

右回りにするか、左回りにするか迷うところだが、おすすめは右回りである。理由は後述する。

駐車場から四王寺林道を渡り、登山道に入って西へ進む。最初のランドマークは増長天礎石群。次は水城《みずき》口城門跡で、ここで進路を北へ変える。この間、左右からいくつも道を合わせるが、いずれもやり過ごし、土塁の上につけられた登山道を忠実になぞる。補足すると、右は四王寺県民の森からの遊歩道、左は山麓からの登山道である。

水城口城門跡の先、左手に展望所と26番石仏を見てスギ木立ちが整然と並ぶ水平な道をたどれば、毘沙門《びしゃもん》堂前の小広場に出る。この間にも分岐があるが、無視してまずは静かに鎮座する毘沙門堂に参詣しよう。

二等三角点のある大城山は毘沙門堂の西隣。薄暗い樹林の中のこんもりとしたピークである。大城山と毘沙門堂周辺は、いくつもの道が分かれる重要ポイントだ。ひと息入れて、地図やGPSアプリを確認しよう。

土塁を忠実になぞるには、毘沙門堂と大城山の間にある登山道を北へ下る。やや荒れた雰囲気はあるが、硬く踏まれており、問題なく歩ける。

スギ林の中をぐんぐん下ると、いったん谷へ出る。小さな木橋を渡って緩く登り返すと、やがて右手下に舗装路とトイレが見えてくる。踏み跡は途中で二手に分かれるが、どちらを取っても舗装路に下り立ち、右手に音楽堂を見る。

舗装路からは、カーブ地点に立つ「百間石垣」の道標に従って長い尾根を下る。けっこう急で、後半にはロープが張られた地点もある。

舗装路から百間石垣の下を通る四王寺林道まで標高差は約120メートルある。このエリアを上りで使うか、下りにするかが右回り・左回りの判断のポイントだ。上りはずいぶん骨が折れる。そのため、本項では右回りをすすめる次第。だが、下る際にも十分な注意が必要である。

焼米ヶ原駐車場にある案内板。四王寺林道を横切って左に見える登山道に入る。

最初のランドマークは、開けた増長天礎石群。そばに鏡池もある。

左右にいくつか分岐を見て、土塁の上を道なりに進むと水城口城門跡に出合う。

下りきった平らな場所は、百間石垣の上だ。左手隅にアスレチック施設のような急な木段が設置されており、石垣の真下に出られる。そこから上部を通る道と合流するトラバース道もある。ただし、一部崩れ、夏場は草に埋もれる。ここは石垣の上の明瞭な踏み跡をたどり、左下に回り込むほうが安全である。

　四王寺林道を目前にするころ、後ろを振り仰げば、上部からは見えなかった百間石垣の巨大な全貌を目の当たりにする。驚きが胸をよぎるこの瞬間がいい。7世紀にこれだけの建造物を築く権力と技術

土塁の西側に端正な面持ちで鎮座する毘沙門堂。静かで心休まる場所である。

四王寺山の最高点、二等三角点のある大城山山頂。木立ちに包まれて昼間でも薄暗い。

音楽堂から百間石垣に向かって標高差120メートルを下る。上りも下りも手強い。

古代に築かれた土塁が今なおくっきりと残る。四王寺山土塁めぐりは、その上をなぞって一周する。

こぢんまりとしたたたずまいの小石垣。上部に回り込み、東側の土塁へ抜ける。

百間石垣の一部。右上の木立ちの中にたもとへ下る階段があるが、石垣の上は通路になっており、そちらを歩くほうが安心だ。

道脇に咲くツクシタツナミソウ。土塁上には木の花、草の花も多い。

北石垣と小石垣を結ぶ土塁(内回り)の途中に立つ道標。百間石垣からの上り、小石垣への下りともに急である。

があったことに驚嘆するほかない。

威容をしばし眺めたら四王寺林道を渡り、向かい側にある「北石垣」を示す道標から山道に入る。植林の中のいきなりの急登で面食らうが、間もなく平坦になり、左手に北石垣がわずかにのぞく。

道なりに進んで小石垣への下りにかかり、下り立つと木橋の架かる谷間に出る。三差路をなしており、左は鮎返りの滝からの道だ。右を取って木橋を渡ると、左手に小石垣が見えてくる。そばにヤマザクラの大木が露払いするかのように寄り添っており、里山の景色が残るほのぼのとした場所である。

石垣の下の三差路は左へ折れ、少し登って石垣の上部に出る。北側へ外回りした土塁との合流点は、そこから樹林の中をたどって10分足らずのところだ。

合流したら、右を取って大原山をめざす。多少のアップダウンはあるものの、道は明瞭で歩きやすい。きつい上りは大原山の手前くらい。木洩れ陽の射す土塁歩きは、季節を問わず気持ちがいい。途中、道脇にはヤマザクラの大木をはじめ、ツクシタツナミソウやキッコウハグマの群生地もある。また、九州には自生しないセリバオウレンが咲く場所もある。

持国天跡である大原山山頂を踏んだら、368メートル

東のピーク、大原山山頂。かつての持国天跡である。ちなみに四王寺山の山名は、かつて山中に築かれた増長天、広目天、持国天、多聞天(毘沙門天)を祀る四王寺に由来する。

大原山から遠見所をすぎ、焼米ヶ原に帰り着く。

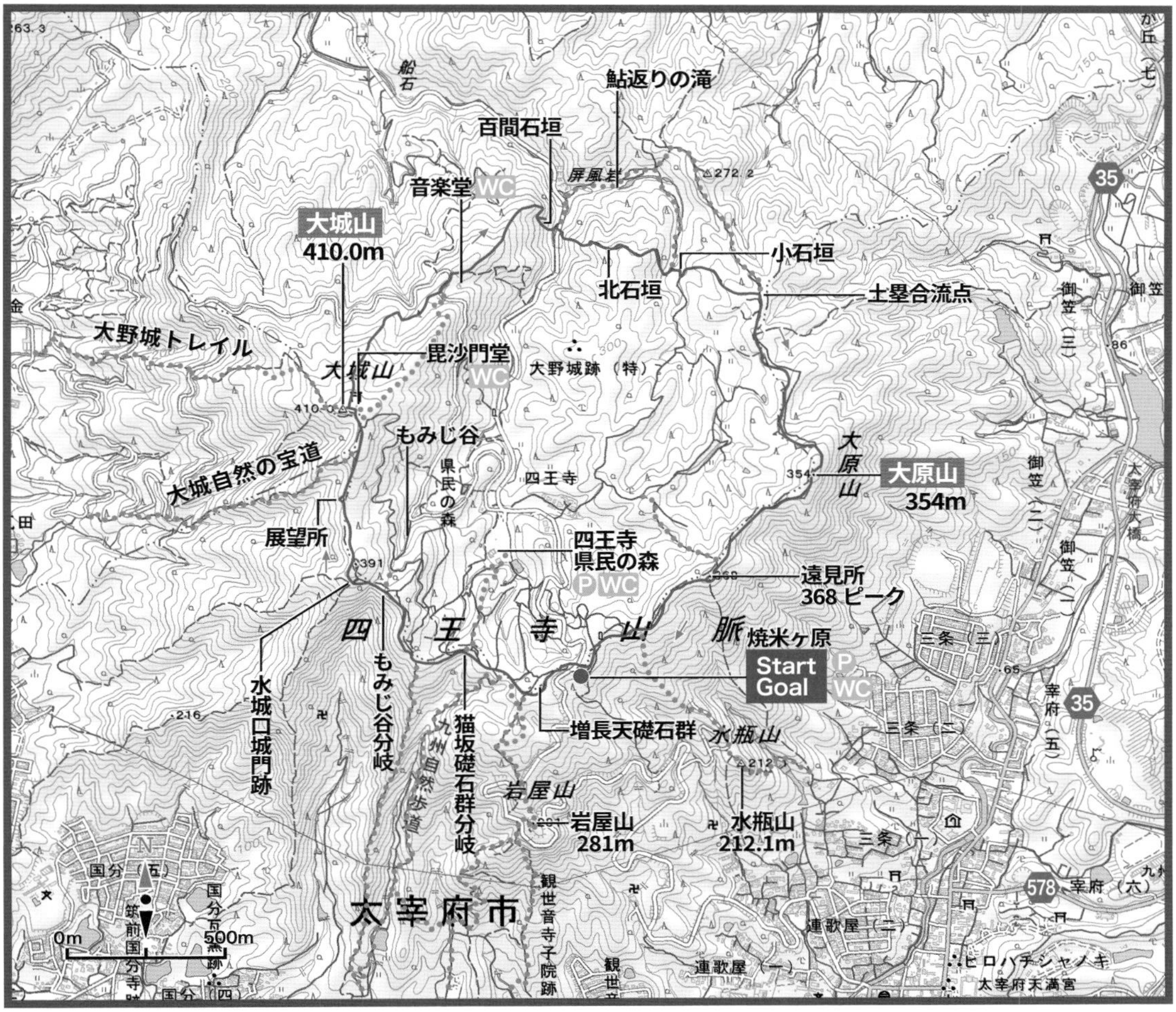

ピークの遠見所の下を通って焼米ヶ原へ帰り着く。遠見所は展望の小ピーク、立ち寄っていくのもよかろう。

［山行アドバイス］

①登山道、道標ともによく整備されており、安心して歩ける。とはいえ、登山道や遊歩道、林道などが入り組んでいるのもこの山の特徴である。分岐では進路を確かめ、道迷いしないように土塁を忠実になぞろう。

②焼米ヶ原はドライブや観光で訪れる人が多く、休日の駐車場は満車になることも珍しくない。駐車できない場合は、四王寺県民の森の駐車場を利用のこと。ただし、開門は9時と遅い。

③百間石垣から舗装路を北へ進み、右手の橋を渡って鮎返りの滝を経由する手もある。小石垣の手前まで舗装路歩きだが、周辺にはせせらぎあり、メタセコイア、イロハモミジ、クヌギ林ありと、四王寺山の中では異彩を放っている。

山行データ

■スタート地点　焼米ヶ原

■スタート地点の緯度経度とマップコード

33度31分50.13秒／130度31分18.36秒
マップコード＝55 392 266*71

■スタート地点と最高点の標高差　約80m

■歩行時間の目安　約２時間50分

■参考コースタイム

焼米ヶ原～25分～水城口城門跡～20分～大城山～25分～音楽堂～20分～百間石垣～20分～小石垣～30分～大原山～15分～遠見所368ピーク～15分～焼米ヶ原（往路：百間石垣まで＝１時間30分／復路：百間石垣から＝１時間20分）

■関係市町村

太宰府市観光推進課＝092（921）2121（代表）

Route 28

宮地《みやじ》岳（338・8）〜二タ《ふた》山（171・2）

徐福伝説ゆかりの山を訪ねて

■登山口＝筑紫野市

スタート地点の天山公民館。駐車場はこの裏手にあり、6〜7台駐車できる。

高木神社横にある取りつき点。案内板がいい目印である。

筑紫野市の山家《やまえ》は、江戸時代の宿場町として栄えたところである。長崎と小倉を結ぶ長崎街道には25の宿場があったといわれ、そのうち福岡藩領の六つを筑前六宿と呼ぶ。黒崎、木屋瀬《こやのせ》、飯塚、内野、山家、原田《はるだ》がそれで、山家の街角には往時の面影が残っている。

さらにいえば、1999年、JR筑前山家駅の北側にある宮地岳の西麓で阿志岐《あしき》山城跡が発見され、話題を集めた。

今なお発掘調査中で、多くを語れないが、水城《みずき》、基肄《きい》城（基山）、大野城と同様の経緯を持つ山城跡ではないかといわれ、2011年、国の史跡に指定された。そんな宮地岳を訪ねてみよう。

主な登山口は、山家、天山《あまやま》、阿志岐地区にあるが、ここでは天山登山口から登り、二タ山を経由して周回するルートを案内する。

車は天山公民館に駐車する。通学バス、福祉バスの旋回場になっており、案内に従ってマナーよく駐車すること。

そこから取りつき点のある高木神社まで車道を歩く。途中、左手に柴田城址の案内道標を見て北へ進み、カーブ地点を直進して狭い道に入る。西方寺を右手に見て右折した奥が高木神社で、宮地岳の案内板が立つ。そばにある簡易トイレは、使うには少しばかり勇気が必要だ。また、神社の裏手に2台ほど置ける駐車スペースがあるが、周回には向かない。

取りついて間もなく溜め池に出合い、左へ回り込む。あとは259標高点まで一本道。あまやまアジサイ園をすぎ、谷間の道を登って標高を上げると、童男丱女岩《どうなんかんにょいわ》に着く。

紀元前3世紀ごろ、秦の始皇帝の命を受け、不老長寿の薬を求めてこの地を訪ねた徐福伝説ゆかりの地である。重なる大岩の先に南の展望が広がる。紀元前の伝承が今に伝わることを不思議に思う。そばに江戸時代後期の狼煙《のろし》台跡もある。ここも歴史的に面白いところだ（＊注記参照）。

周回ルートのポイントとなる259標高点は、そこから15分ほどのところ。道標に「蘆《あし》城《き》城の跡」とあるが、その歴史を物語るものは見当たらない。時間が止まったような疎林が広がるばかりである。

ここで進路を北に変え、なだらかな尾根をたどると、ロープ場、丸太のステップに出合い、やがて傾斜は緩む。その先に中阿志岐分岐があり、これをすぎると間もなく古い石祠が鎮座する宮地岳神社に到着。ここで山家登山口からの登山道を合わせる。

宮地岳山頂はもうすぐそこで、左手に鉄塔巡視路を二度

259標高点。本ルートのポイントで、往路は左折し、復路は直進する。

徐福伝説ゆかりの地、童男丱女岩。樹林が育ち、視界は年々狭くなっている。

あまやまアジサイ園をすぎ、浅い谷間を北東へ登ってゆく。

標高約320メートル地点に鎮座する宮地岳神社。ここで山家からの道を合わせる。

見送って東へ回り込む。樹林の中の頂は、山頂標識と三角点があるのみ。展望は利かない。ここまでを振り返ると、西側は植林が多く、東側には自然林が残っている。割合としては6対4くらいで自然林のほうが多い印象だ。

復路は259標高点まで戻り、三差路を直進する。往路の明瞭な登山道に比べると落ち葉が積もり、踏み跡の薄いところやロープが張られた急な下りもある。だが、二タ山まで南東へ延びる尾根を忠実になぞれば、特に迷いやすいところはない。ほぼ自然林に包まれた尾根道は、地味ながらどこか懐かしい雰囲気に包まれている。

二タ山は四等三角点のある小さなピーク。ベンチと古い山頂標識がないと通過してしまうだろう。展望はベンチから少し。頭を悩ますのが山名の由来だ。山頂は筑紫野市と筑前町の境界に当たり、筑前町に「二」と書いて「ふた」と呼ぶ地区がある。「二」はそれにちなむとしても、カタカナの「タ」が分からない。

さて、二タ山山頂から山麓の宝満神社へ下るルートに少しばかり分かりにくいところがある。まず山頂から南へ直進。道なりに下ってゆくと前方が開け、浅い谷間に出る。そのまま南へ下れそうだが、登山道は西へ続いている。

西を取って下り切ると、二《ふた》区グラウンドの角に出る。左手のフェンスに沿って回り込み、グラウンドの脇を通ればトイレと駐車場のあるグラウ

二タ山山頂のベンチ。西側が開けるところに設置されている。

二タ山山頂から浅い谷間に下り立つ。ここがやや分かりにくい。右(西)へ進む。

自然林と植林の中の宮地岳山頂。三等三角点がある。

＊注記～狼煙台跡について
　設置は1808年。長崎・出島で起きたイギリス船フェートン号事件に端を発する。のろしは、長崎から佐賀、福岡県内ではしょうけ越、竜王岳(竜王山)、六ヶ岳、石峰山、霧ヶ峰(足立山)を経由して小倉藩に伝わる予定だった。だが、一度も使われることなく廃止されたという。108ページ、石峰山の狼煙台もこれに関係している。

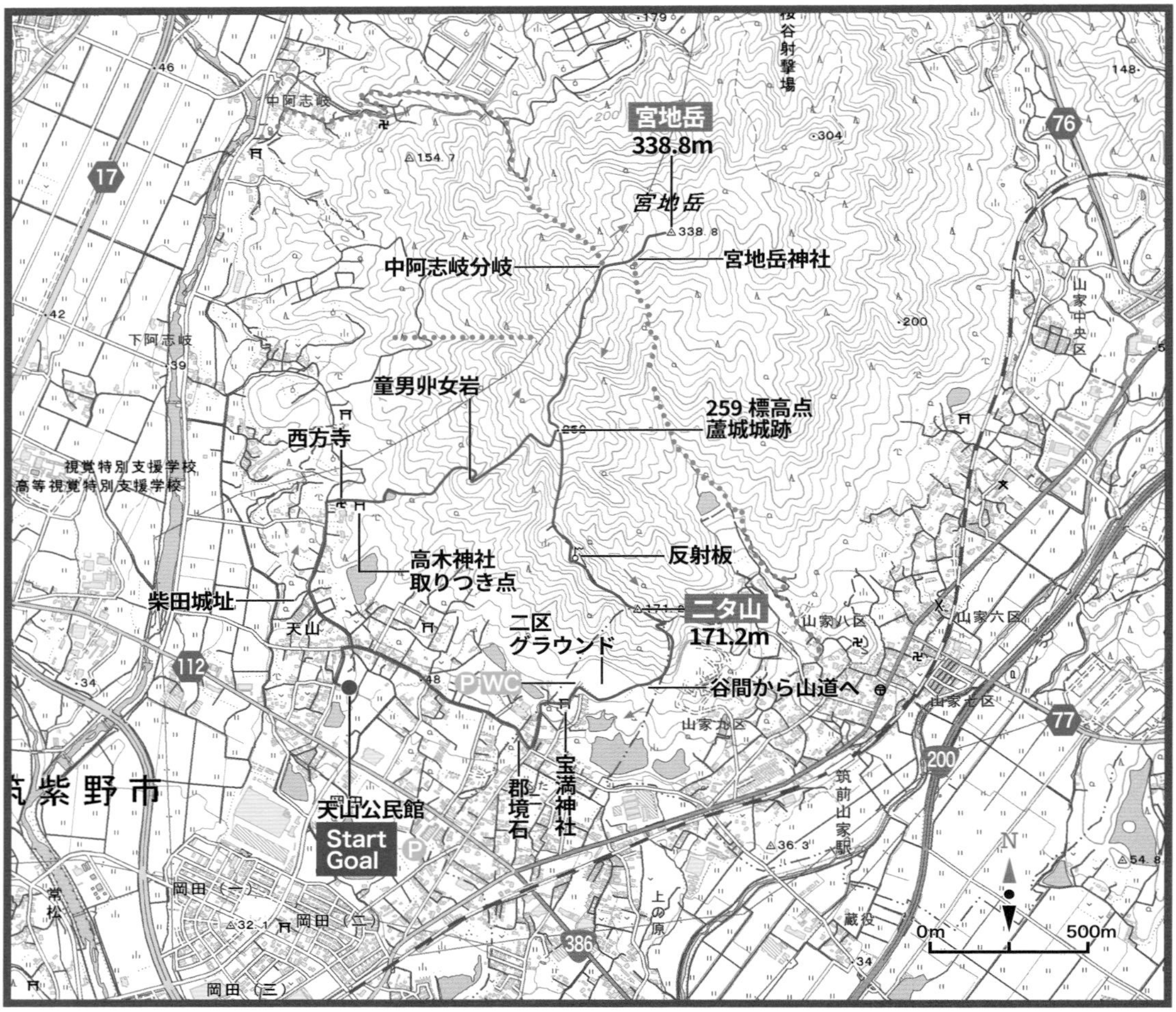

ンド入り口に至る。

そこから車道を道なりに下れば、左手に宝満神社を見て住宅街に出る。二つ目の交差点から右折し、宿場町の面影を残す街並みを抜ければ、天山公民館へ戻る。

［山行アドバイス］

①筑紫野市の中心街から近く、手軽に登れる低山として人気が高い。登山道、道標は「天山ふれあい会」が整備に取り組んでいる。感謝したい。

②宮地岳神社から南へ下り、山家登山口へ周回する手もあるが、山家登山口〜天山公民館までの車道歩きが長い。

天山公民館へ戻る途中にある「郡境石（ぐんざかいいし）」。

山行データ

■スタート地点　天山公民館

■スタート地点の緯度経度とマップコード
33度28分46.49秒／130度33分26.85秒
マップコード＝55 217 124*41

■スタート地点と最高点の標高差　約300m

■歩行時間の目安　約2時間50分

■参考コースタイム
天山公民館〜20分〜高木神社〜25分〜童男丱女岩〜15分〜259標高点〜25分〜宮地岳神社〜5分〜宮地岳〜25分〜259標高点〜15分〜反射板〜5分〜二タ山〜15分〜二区グラウンド入り口〜20分〜天山公民館（往路：宮地岳まで＝1時間30分／復路：宮地岳から＝1時間20分）

■関係市町村
筑紫野市商工観光課＝092(923)1111

Route 29

砥上岳《とかみ》（496・4）

神功皇后の足跡をたどって展望の頂へ

■登山口＝筑前町

ピラミッド状に小高く石を積み上げた上に子孫繁栄の神様、さやん神を祀る。砥上岳の名所の一つである。

砥上神社。神功皇后が新羅出兵に際し、諸国の軍勢を集めて「汝らが中宿なり」と言ったことから、この一帯を中津屋と呼ぶようになった。別名の中津屋神社はそれに由来する。駐車場は鳥居の前と社殿に向かって左手にある。

　北部九州には、あたかも大地に刻印された傷跡のように神功皇后にちなむ伝承が各地に残っている。そのことは、宝満山の南東、筑前町の北側に位置する砥上岳にも当てはまる。砥上、中津屋、夜須、ひづめ石、禊ノ原《みそぎのはる》、兜石《かぶといし》など皇后ゆかりの地名や遺跡には事欠かない。

　また、砥上岳の山腹にある観音塚古墳は旧筑前国で初めて発見された装飾古墳である。筑前町や朝倉市には古墳が多いことを考え併せると、この一体は古代の重要な拠点だったのではなかろうか。

　古代史にまつわる話はそれくらいにして、砥上岳の南麓に鎮座する砥上神社をスタート地点に砥上岳を往復してみよう。

　準備を整えたら神社に参拝し、社殿の左横の小径をたどって舗装路に出る。そのまま北進し、県道595号を渡り、里山の風景が広がる中、左手に日吉池を見ながら農道を詰めてゆく。

　ほどなくして「右砥上岳道」の石柱の立つ三差路に出合う。ここが取りつき点である。右を取り、苔むした石畳をたどる。山頂には砥上神社上宮（武宮）があり、石畳はかつての参道の名残だろう。

　周囲は背の高いスギ林で、以後山頂直下まで植林が続くが、よく手入れされており、

急な坂分岐。どちらを取っても先で合流する。傾斜もさほど変わらない印象だ。

溝状にえぐれた道を北へたどる。小さなケルンが道案内してくれる。

取りつき点。石の道標に「右砥上岳道」とある。道の奥に少しだけ石畳がのぞく。

砥上岳山頂の中央部を占める砥上神社上宮（武宮）。いつ登っても手入れが行き届いている。

登山道の周囲は概ね植林である。だが、ほどよく手入れされているせいか、思いのほか気持ちよく歩ける。

あまり苦にならない。

取りつき点から10分も歩けば、最初の分岐に出合う。右(東)は前述の観音塚へ続く道だ。直進して浅い谷間を登り、丸太橋を渡って間もなく尾根に乗る。その手前にはクスノキの大木が立つ。

その先、林道への分岐をすぎ、すぐまた黄色いプレートの下がる分岐を見る。いずれも直進し、溝状にえぐれた登山道を北東へたどる。次は道標のない分かれ道。すぐ先で合流するが、右を取ると皇后ゆかりのひづめ石がある。

合流して再び分岐に遭遇し、道標は左を「急な坂」としている。山頂直下にも同様の急な坂分岐があるが、どちらを取っても大差はない。往復登山ゆえ、往路と復路で二つの道を歩き分けるとよかろう。

整然と立ち並ぶスギ林を縫って浅い谷間に続く道を詰めてゆくと、ほどなくして渡渉点に出合う。その先が頭上の開ける禊ノ原である。キャンプができそうな頭上の開けた気持ちのよい空間である。解説板に目を通しながら、ひと息入れよう。

ここで進路を北東から北へ変えて詰め登り、石を積み上げたさやん神を見る。ピラミッド状に積み上げられた石の上に子孫繁栄の神様を祀る。

そこから浅い谷間を緩やかにたどると、鞍部の山家分岐に至る。この辺りから自然林に変わり、右を取ってわずかで兜石の道標を見る。神功皇后が新羅遠征の際にかぶったと伝わる兜石は、左手の森の中にある。

ここまでくれば、山頂は近い。東へなだらかにトラバースしたあと、急な坂分岐を経てひと上り。上宮(武宮)へ続く石段を登れば、砥上岳の頂に立つ。周辺は頭上の開けた

頭上が開ける禊ノ原。解説板の前方にマユミの木があり、秋に可愛らしい果実をつける。

兜石。解説板には「英彦山神社の神宝二面の兜に似ていることからこの名が生まれた」とある。

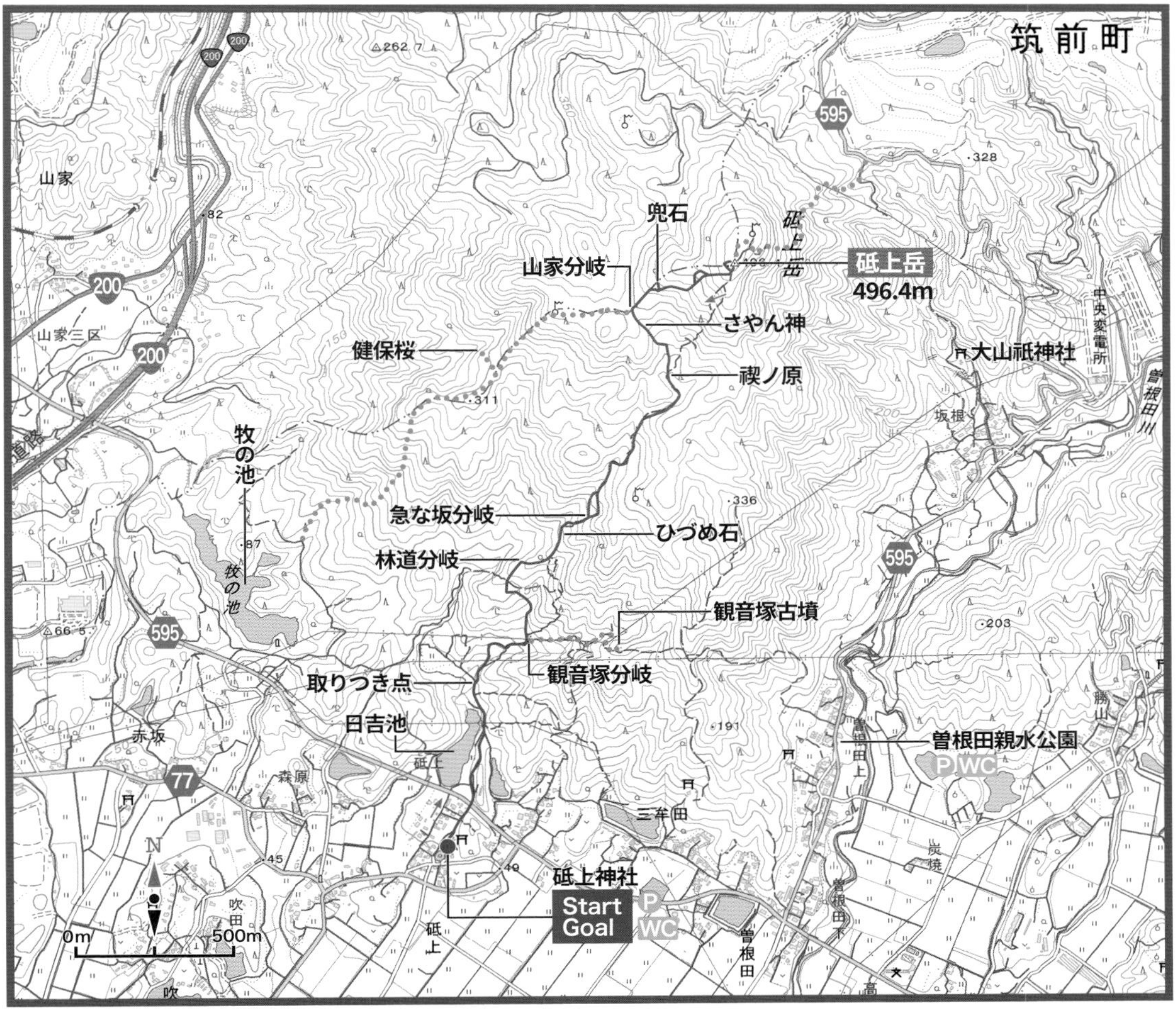

小高い丘のような場所で、展望は北側を除いて良好だ。三等三角点と山頂標識は、上宮(武宮)の裏手にある。

展望を胸に収めて、ひとしきりくつろいだら、往路を戻ろう。

【山行アドバイス】

①分岐はいくつもあるが、明瞭な登山道を忠実にたどれば、迷う心配はない。道標もよく整備されている。特に危険なところもない。

②山頂標識から北へ延びる登山道は、砥上岳の北側を巻く県道595号に出る。そこから大山祇神社を経由し、曽根田親水公園へ下って周回できるが、車道歩きが長い。

③山家分岐から左を取って20分ほど下ったところに健保桜というヤマザクラの大木がある。登り返すのは大変だから、サクラを観賞する場合は砥上神社の北西にある牧の池へ下るとよい。ただし、歩く人は少なく、登山道も不明瞭なところがある。

山行データ

■スタート地点　砥上神社

■スタート地点の緯度経度とマップコード
33度28分33.70秒／130度36分1.94秒
マップコード＝55 192 671*63

■スタート地点と最高点の標高差　約445m

■歩行時間の目安　約３時間

■参考コースタイム
砥上神社～15分～取りつき点～10分～観音塚分岐～20分～急な坂分岐～25分～禊ノ原～10分～山家分岐～15分～砥上岳～15分～山家分岐～10分～禊ノ原～35分～観音塚分岐～10分～取りつき点～15分～砥上神社（往路＝１時間35分／復路＝１時間25分）

■関係市町村
筑前町企画課企画調整係＝0946(42)6601

Route 30

小鷹城山《こたかじょう》(213・2)〜目配山《めくばり》(405)〜高宮山《たかみや》(422・6)

歩きやすい平らな道をたどって三座縦走

■エリア＝筑前町

筑前町の東、朝倉市との境界付近に位置する目配山の山頂は、東西に長く平らな草原である。その東側に石碑がぽつんと立ち、その真下に腰を下ろすのにちょうどよい平たい石がある。長辺1メートルと少しくらいだろうか。

その昔、神功皇后が山頂に立ち、眼下に広がる景色に目を配った。ゆえにこの山を目配山と呼ぶという言い伝えがあって、その際に腰掛けたのがこの石とされている。

砥上岳の項でも触れたように、甘木・朝倉地方には神功皇后にまつわる伝承をはじめ、邪馬台国甘木・朝倉説(安本美典氏の説が有名)など古代史のロマン漂う遺跡や言い伝えが多数残っている。

目配山の南麓に鎮座する大《おお》己貴《なむち》神社もその一つで、主祭神は大国主命である。出雲の神様がなにゆえにこの地に祀られているのか。さらには、この神社は日本最古級であるともいわれる。

詳述するにはスペースが足りず、割愛せざるを得ないが、そうした古代史を頭の中に入れておくと、目配山に限らず、甘木・朝倉地方の山登りはより楽しいものになる。

さて、本題。目配山のメイン登山口は、前述の大己貴神社のすぐそばにある筑前町歴史の里公園である。駐車場、トイレ完備で登山口として申し分なしだ。

そのほか、目配山山頂の北側に林道が迫っており、それを利用する栗田登山口、小鷹城山のすぐ北側から取りつくサンポート登山口の二つがある。しかし、駐車場とトイレを考えると、歴史の里公園から歩くほうがよかろう。

大己貴神社入り口のそばに登山口を示す道標があり、それに従って民家の間を抜けると、前方にのどかな田園風景が広がる。農道を直進し、溜め池の下で右を取って舗装路を道なりにたどればフェンスに出合う。取りつき点はこの奥で、左手に墓地、右手に放棄されたブドウ畑を見て進むと、竹林に囲まれた山道がぽっかり口を開けている。

取りついてしばらくは谷間を歩き、手作りの木橋を渡って尾根に乗る。その先に小鷹城山への道が分かれている。小さな道標から左を取り、平らな道を南西へたどろう。

小ピークを二つ越え、右手にサンポート登山口から上がってきた道を合わせるとやや急な上りとなる。途中にある

駐車場、トイレ完備の歴史の里公園。道路を渡った反対側に大己貴神社がある。

溜め池をすぎるとフェンスに出合う。取りつき点はこの奥にある。

ランドマークの一つ、みわの一本桜。桜吹雪が足下を白く染めるころが楽しみだ。

三等三角点がある小鷹城山山頂。以前は展望台が設置されていたが、今はない。

小鷹城山分岐。足下に置かれた小さな道標が目印で、左を取る。

分岐で右を取れば、数分で山頂の一角に出る。ちなみに左のトラバース道は鉄塔巡視路で、それをたどっても山頂へ行ける。

小鷹城山は、山名の通りかつての山城跡である。三等三角点があり、点名は「梨ノ木城」。その他、小鷹山、弥永城《いやなが》などの呼称がある。樹林に囲まれた静かな山頂は、北側が開けている。西側にネムノキの大木が一本あり、6月下旬ごろは展望に華を添える。

ひと息入れたら往路を小鷹城山分岐まで戻り、左(北)を取って目配山をめざす。山頂直下までずっと平らな道が続き、ウオーキングの感覚で歩ける。登山道はところどころえぐれた溝状の部分を通るが、明瞭で迷うところはない。

惜しむらくは、ほぼ植林の中であること。自然林はわずかしか残っていない。照葉樹がもっと多ければ、きっと素敵な樹林のプロムナードだったことだろう。その点が残念である。

小鷹城山分岐以降のランドマークとしては、まず釜寺分岐に出合う。左(西)へ延びるのは、サンポート登山口から上がってきた道である。その先255標高点ピークのそばに「みわの一本桜」が頭上高く枝

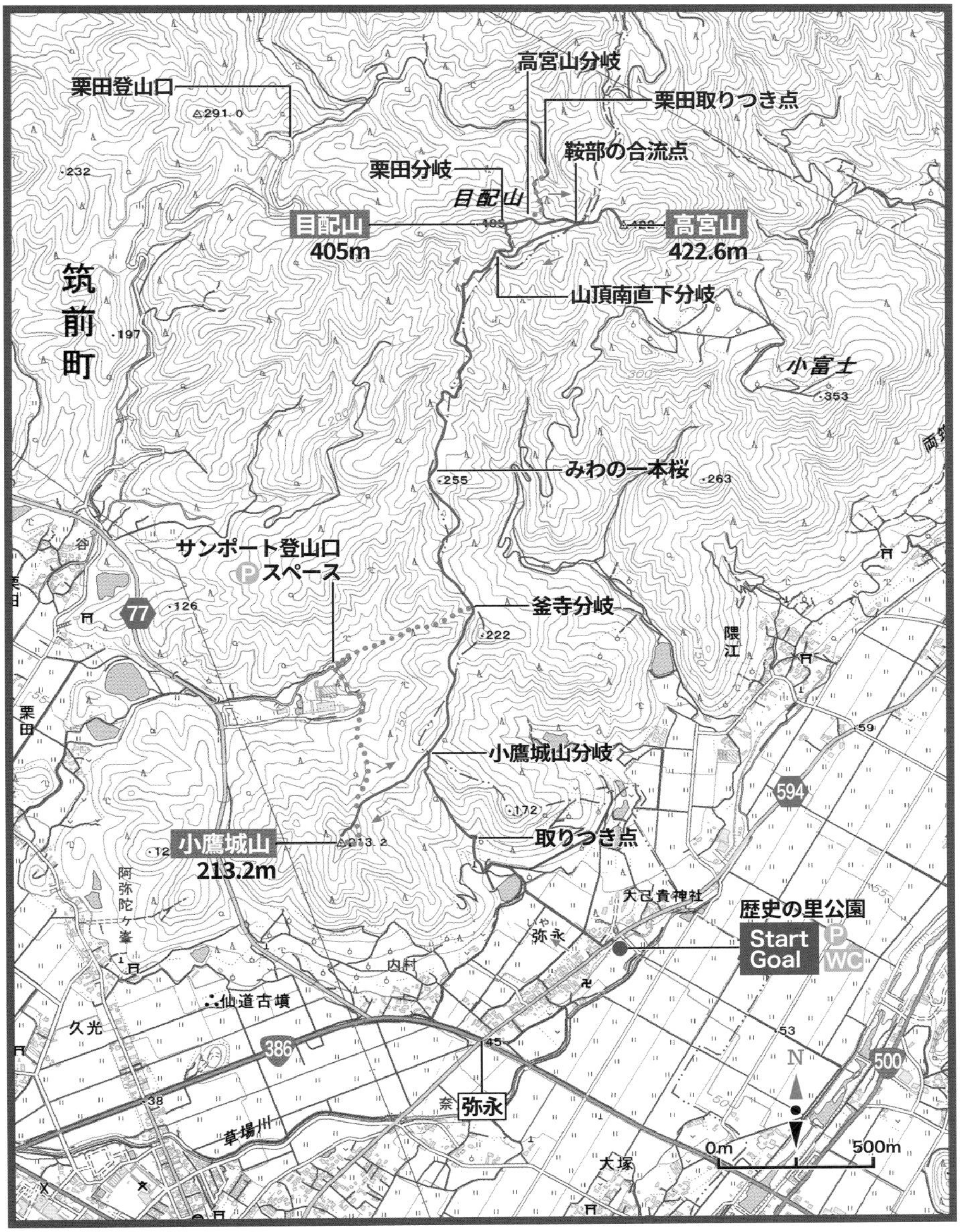

山頂南直下の分岐。左は目配山、右を取れば高宮山に通じている。どちらも登山道は明瞭である。

を広げている。

そのあと、南東が開けた地点を通って、分岐に出合う。目配山山頂の南直下に位置する地点で、左は目配山、右は高宮山である。どちらから登ってもいいが、先に目配山の頂を踏むことにしよう。

目配山山頂は、草付きの平坦な広場である。展望もよい。

皇后腰掛石。この裏手（左奥）に栗田分岐があり、高宮山へ行くにはそちらへ向かう。

木立ちに囲まれて静かな高宮山山頂。三等三角点がある。展望もわずかにある。

山頂まで標高差約50メートルの上りは、本ルートで初めての急登。しかし、ゆっくり登れば大したことはない。ほどなくして前方が開け、平らになった地点に皇后腰掛石と石柱を見る。

そこから植樹されたソメイヨシノの脇を抜け、ススキやワラビの茂る踏み分け道をたどれば、数分で山頂標識へ至る。平坦な山頂は北側と西側が開けており、展望は良好だ。のんびりランチタイムを楽しもう。

復路は、腰掛石のすぐ先から左（東）へ下り、途中の高宮山分岐から右へ入る。この地点は「高宮山」を示す道標を見逃さないようにしたい。

道なりに東へ進み、植林帯の鞍部を抜けてすぐ、前述の南直下の分岐から上がってきた道と合流する。

さらに東へたどり、二本並んで立つヤマザクラの間を抜け、途中から右へ折れて登れば高宮山の山頂である。三等三角点があり、点名も「高宮山」である。残念ながら、樹林に包まれて展望はわずかしかない。

復路は高宮山をあとにして道なりに下り、南直下の分岐に出れば、あとは長くて平坦な往路をたどるだけである。

［山行アドバイス］
①登山道は明瞭で、道標も整備されており、安心して歩ける。ただし、登山口から目配山、高宮山山頂までけっこう距離がある。しかも、往復登山となるため、復路はいささか退屈かもしれない。
②周回するには、サンポート登山口から取りつき、小鷹城山～目配山～高宮山を経て、釜寺分岐からサンポート登山口へ戻るとよい。
③シーズンには、みわの一本桜、ハナミョウガの群生、山頂のソメイヨシノなどが楽しめる。6月中旬ごろからはムラサキニガナも咲く。そのほかの見どころは、なんといっても大己貴神社である。日本最古級ともいわれる古社にぜひ参拝しよう。

山行データ

■スタート地点　歴史の里公園

■スタート地点の緯度経度とマップコード
33度26分32.00秒／130度39分14.92秒
マップコード＝55 078 593*02

■スタート地点と最高点の標高差　370m

■歩行時間の目安　約４時間５分

■参考コースタイム
歴史の里公園～15分～取りつき点～15分～小鷹城山分岐～15分～小鷹城山～15分～小鷹城山分岐～35分～みわの一本桜～40分～目配山～15分～高宮山～35分～みわの一本桜～30分～小鷹城山分岐～15分～取りつき点～15分～歴史の里公園（往路：高宮山まで２時間30分／復路：高宮山から＝１時間35分）

■関係市町村
筑前町企画課企画調整係＝0946(42)6601

Chapter 7

癒しの森を歩く

豊かな森に抱かれるひとときは、
人生一番のぜいたくだ。

Route 31

石峰山《いしみね》（302・5）

美林のトンネルの先に広がる展望の頂

■登山口＝北九州市若松区

登山道に朱を散らすヤブツバキの落花。取りつき点から山頂まで出色の森が続く。

北九州市若松区は、響灘と洞海湾に挟まれた半島に広がっている。それゆえ海のイメージが強いが、中央部には東西に細長い山塊が横たわる。東から高塔山、石峰山、弥勒《みろく》山とピークが並び、稜線には玄海遊歩道が通っている。これをたどり、最高峰・石峰山の頂を踏んで周回するルートを案内する。

スタート地点は、石峰山の北西麓にある菖蒲谷《しょうぶだに》キャンプ場。春はサクラで賑わうところだ。駐車場、トイレを完備しており、登山口としては申し分ない。

キャンプ場には舗装された遊歩道があり、車止めのゲートを越えてついそちらに向かいそうになるが、取りつき点は上ノ池の角にある。そこから池の脇を抜けて浅い谷間を南進する。

周囲は照葉樹の森で、硬く踏まれた登山道が緩やかに続く。タブノキの大木やヤブツバキを見ながら歩くと、15分ほどで稜線の一角、藤ノ木越に至る。道標は、左＝高塔山、右＝石峰山・グリーンパークを指している。右折して、なだらかな尾根を西へたどる。登山道の両脇には背の高い照葉樹が林立し、樹冠が天空を覆う様子はさながら樹林のトンネルである。

木洩れ陽の中、藤ノ木越から5分も歩けば、「健康峠」と記されたプレートに出合う。といっても尾根の上で、地形的な意味での峠ではない。地元の人がひと休みしてゆく場所のようである。

その先で左手は竹林に変わり、ひと上りで右手に鉄塔がのぞく小ピークへ至る。鞍部に下って登り返すと竹林は終わり、登山道は少しずつ傾斜を増してゆく。周辺にはヤブツバキが多く、3月ごろには落花が登山道に朱を散らす。

30メートルほど標高を稼ぐと平坦になり、前方にミニピラミッドのようなケルンを見る。その先で右手に車道（北九州市消防局の管理道）を合わせ、山頂の一角に達する。

平らな山頂は、野球ができそうなほど広い。南側の展望が開け、洞海湾の向こうに皿

菖蒲谷キャンプ場の駐車場。トイレは少し離れた場所にある。

取りつき点。つい舗装された遊歩道へ足が向くが、上ノ池の角から山道に入ってゆく。

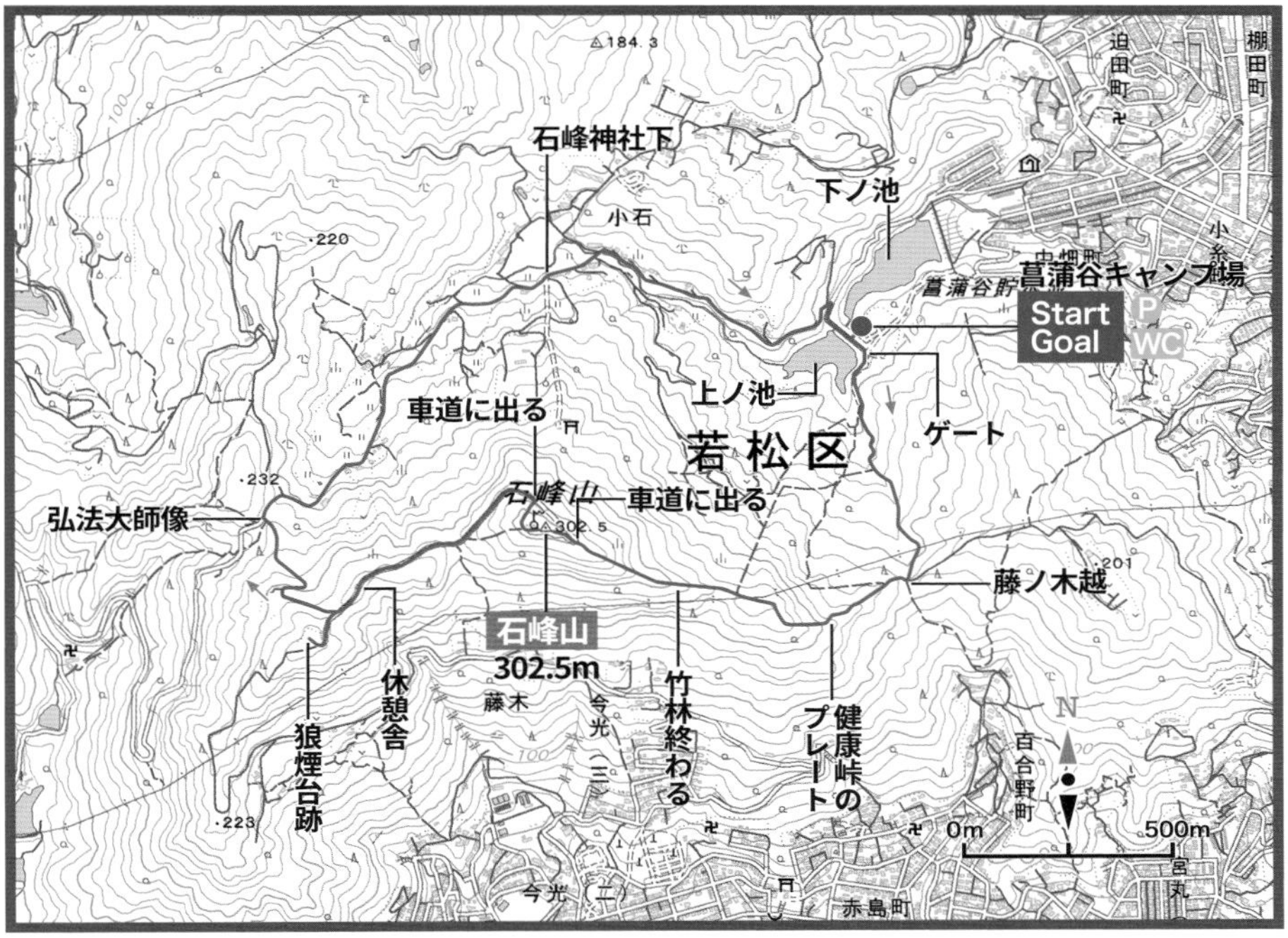

倉山の山並みがシルエットを描く。山頂標識と二等三角点は、北九州市消防局の石峰山衛星地球局という建物の隣にある。そばにこんもりと茂るヤブツバキの大木が印象的だ。

　青空の下、ランチをとってくつろいだら下山にかかろう。衛星地球局の前を通って北へカーブすると、不動明王のおわす石祠を左手に見て車道に出る。衛星地球局の管理道で、照葉樹林に包まれているため、車道といってもさほど苦にならない。

　道なりに下ると、右手に休憩舎を見た先で三差路に出合う。下山路は右だが、左を取って狼煙《のろし》台跡に立ち寄っていこう。筑紫野市の宮地岳や四王寺山ともゆかりのある江戸時代の遺構で、展望もよい。

　狼煙台跡から三差路に出て再び車道を下り、前方に弘法大師像の立つ三差路で右を取り、車道を道なりに東進すれば、菖蒲谷キャンプ場へ戻る。

【山行アドバイス】

①玄海遊歩道として整備されており、登山道、道標ともに問題なし。特に迷いやすいところもない。

②樹林の美しい稜線歩きと山頂からの展望が魅力。半分ほど車道歩きになるが、それが嫌なら山頂から往路を引き返すといい。子ども連れの場合はそのほうがよかろう。

山行データ

■スタート地点　菖蒲谷キャンプ場

■スタート地点の緯度経度とマップコード
33度54分26.39秒／130度46分49.70秒
マップコード＝16 543 448*87

■スタート地点と最高点の標高差　約220m

■歩行時間の目安　約１時間45分

■参考コースタイム
菖蒲谷キャンプ場～15分～藤ノ木越～5分～健康峠のプレート～30分～石峰山～15分～狼煙台跡～10分～弘法大師像～15分～石峰神社下～15分～菖蒲谷キャンプ場（往路＝50分／復路＝55分）

■関係市町村
北九州市若松区役所＝093（761）5321

石峰山山頂は広い。北九州市消防局の石峰山衛星地球局の建物がそびえる。

ケルンに達すると、アゴニー坂と呼ばれる急な上りは終わり、傾斜は緩む。

藤ノ木越。左を取れば高塔山方面へ。右を取って緩く登ってゆく。

Route 32

河頭山《ごうとう》（２１３）～花尾山《はなお》（３５１）～帆柱山《ほばしら》（４８８）

巨木が点在する幽玄の森でリフレッシュ

■登山口＝北九州市八幡西区

北九州国定公園に属する帆柱自然公園には、皿倉山、権現山という600メートル級の山が二座あり、古くから北九州市民に親しまれている。

その帆柱自然公園には、河頭山、花尾山、帆柱山という低山もある。低いながらもそれぞれに特徴があり、味わい深い山歩きが楽しめる。以下、この三座をめぐる周回ルートを解説する。

車は、北九州都市高速のそばにある河頭山公園の駐車場に止める。河頭山の取りつき点は二ヵ所あり、左は頭山満《とうやまみつる》の石碑や不動明王像を見て山頂へ。右は、まず河頭山のシンボルである巨岩帯の脇を抜ける。そのあと、忠孝碑の前を通って三差路に出て、左へひと上りで山頂へ至る。

ここは左から取りつき、西尾根を東へたどって山頂をめざす。途中、分岐はあるが、ステップの切られた登山道をたどると分かりやすい。駐車場から河頭山山頂まで15分足らず。地元の人の散歩道で、ウォーミングアップといった感じである。

分かりにくいのはここからで、花尾山に登るにはいったん住宅地へ下って登り返す必要がある。ランドマークは、花尾西登山口バス停と花尾配水池だ。河頭山山頂から一段下の木村壱岐守鑑邇《きむらいきのかみあきちか》の顕彰碑まで戻り、それを背にして南へ下る。数分で前述した忠孝碑そばの三差路に出て、これを左折する。

竹林を抜けて車道を歩くと、左手に保育園がある。道なりに南東へ進み、バス通りに出て左折すれば、数分で花尾西登山口のバス停に到着する。

ソメイヨシノが美しい河頭山公園。取りつき点は左手にある。

河頭山山頂の一段下にある木村壱岐守鑑邇の顕彰碑。花尾山の取りつき点へ向かうには、碑を背にして南へ下る。

道路を渡って住宅地の中の急坂を登り、三差路を左折すると右手に花尾配水池がある。

それを回り込んだ先に分岐があり、右は花尾山の山腹を巻く一万歩コース。取りつき点は左へ数分のところで、車止めゲートの隣に「花尾公園／花尾城址」という大きな案内板が立っている。

ゲートを抜けて幅員のある作業道のような登山道をたどると、間もなく東登山道と中登山道の分岐に出合う。右を取って道なりに北進すれば、やがて丸太でステップが切られた本格的な山道に変わる。

やぐら台跡で東へ進路を変え、四ノ丸跡、三ノ丸跡、二ノ丸跡を経て花尾山山頂に達する。登山道は、取りつき点から山頂まで自然林に覆われており、気持ちよく歩ける。

三ノ丸跡と二ノ丸跡の間にある分岐。帆柱山へ向かう際は、いったんここまで戻る。

三ノ丸跡に植えられたヤマザクラ。花尾山は山城跡だけあって平坦地が多い。

花尾山の取りつき点にある案内板。この左手にある車止めゲートを抜けて進む。

花尾山山頂の東直下にある出丸跡。背後に皿倉山が浮かぶ。

春にはところどころに植えられたヤマザクラが和やかな雰囲気を醸し出す。

　本丸跡の山頂は展望に優れ、東に皿倉山を間近に望む。山座同定盤も設置されている。東直下の出丸跡にはテーブルとベンチが置かれ、ランチタイムなどをのんびり過ごすにぴったりである。

　さて、残るは帆柱山だ。出丸跡からそのまま東へ進み、馬場跡を経由する道もあるが、いったん二ノ丸跡と三ノ丸跡の間にある分岐まで戻り、そこから左折するほうが分かりやすい。花尾山山頂の南側を巻く道で、道なりに進むと一万歩コースに合流し、右へわずかで「花尾城趾」と刻まれた大きな石碑の前に出る。ここが帆柱山の取りつき点だ。

　尾根を南へたどり、花尾ノ辻、内藤陣屋跡、帆柱分かれをすぎ、緩く登って帆柱ノ辻へ至る。左を取れば、権現山、皿倉山へ。右を取ってなだらかな登山道を進めば、10分ほどで帆柱山山頂へ到着である。樹林に囲まれて展望はほんのわずかしかないが、心休まる静かなたたずまいがいい。

　特筆しておきたいのは、帆柱山取りつき点から山頂まで圧巻の照葉樹林が続くこと。癒しの森と呼ぶにふさわしく、巨木も多い。シロダモ、タブノキ、スダジイ、ヤブニッケイ、カゴノキ、ヤマモモといった木々が次々に現れるさまは、幽玄なる巨木の森の趣である。豊かな自然に抱かれて心身をリフレッシュする…山

思わず深呼吸したくなるような圧倒的な樹林の道。帆柱山の照葉樹林の森は、素晴らしいの一言である。

「花尾城趾」の大きな石碑。帆柱山への取りつき点の目印で、右手に回り込んで尾根をたどる。

花尾ノ辻に立つ道標。花尾山〜帆柱山間には分岐がいくつもあるが、道標が立っており、それに従えば迷うことはない。

樹林に包まれた帆柱山山頂。

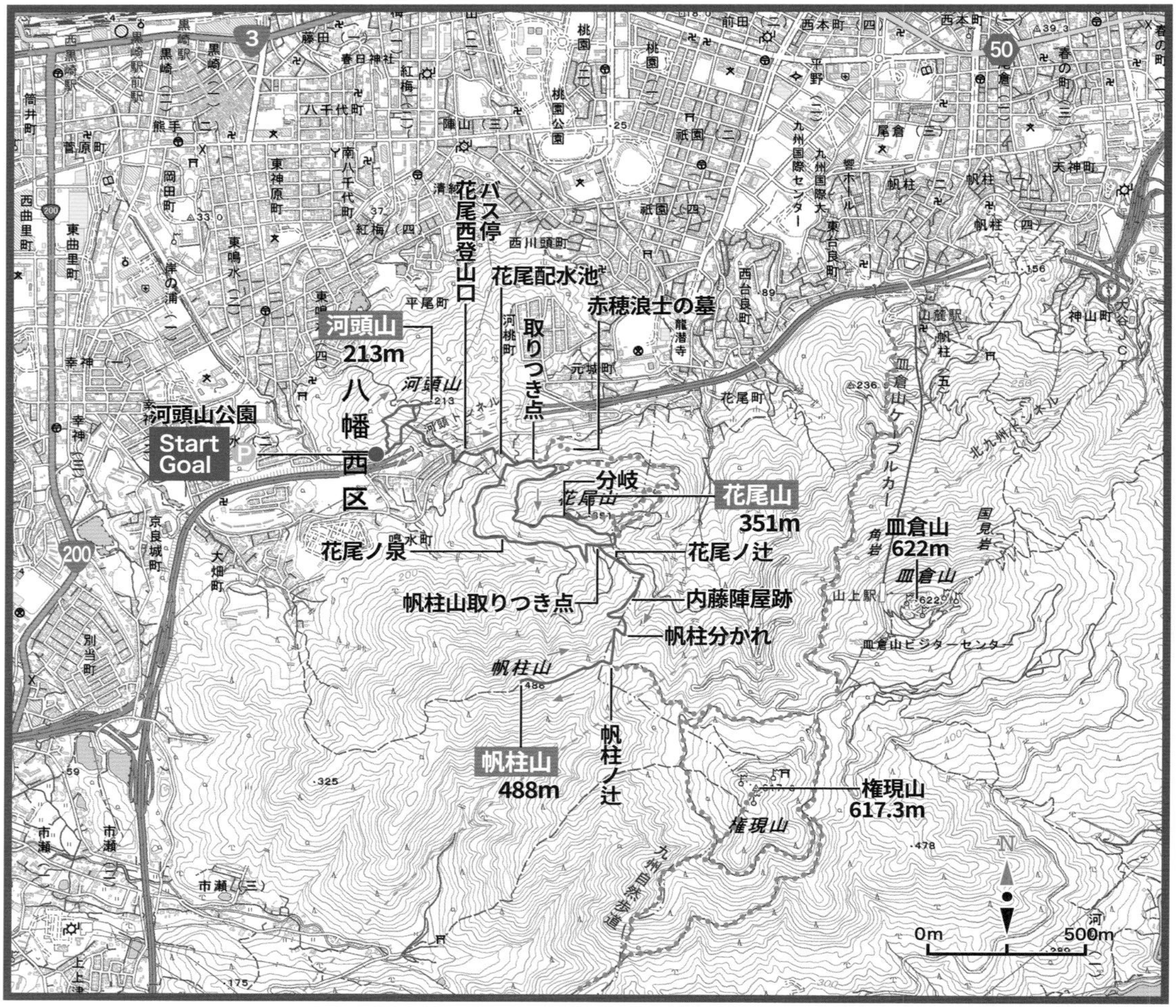

歩きの醍醐味の一端がここにある。

復路は帆柱山取りつき点まで戻り、左へ折れて花尾山の山腹を巻く一万歩コースを西へたどる。途中には花尾ノ泉という水場もある。花尾配水池、花尾西登山口バス停をめざしてのんびり歩こう。

［山行アドバイス］

①河頭山公園にはソメイヨシノが植えられており、花の時季には駐車場が満車になることがある。

②河頭山山頂から東へ直進する道は、花尾山へ通じていない。いったん山頂西直下の木村壱岐守鑑邇顕彰碑まで戻ること。木村壱岐守鑑邇は、筑前岩屋城（岩屋山）の城主・高橋紹運の家臣で、１５８６年、島津との戦いにおいて紹運とともに玉砕したといわれる。

③花尾山の取りつき点から左手の林道を下った右手に赤穂浪士の墓所がある。経緯については、現地の解説板を参照していただきたい。

山行データ

■スタート地点　河頭山公園

■スタート地点の緯度経度とマップコード
33度51分5.37秒／130度46分30.16秒
マップコード＝16 333 699*20

■スタート地点と最高点の標高差　約375m

■歩行時間の目安　約２時間55分

■参考コースタイム
河頭山公園～15分～河頭山～15分～花尾西登山口バス停～10分～取りつき点～20分～花尾山～35分～帆柱ノ辻～10分～帆柱山～20分～花尾ノ辻～10分～花尾ノ泉～25分～花尾西登山口バス停～15分～河頭山公園（往路：帆柱山まで＝１時間45分／復路：帆柱山から＝１時間10分）

■関係市町村
北九州市八幡西区役所＝093（642）1441

Route 33

城《じょう》山（369・2）

美林とウスキキヌガサタケの市民の山

■登山口＝宗像市

城山の森の美しさは格別だ。末長く未来に残したい宗像市の遺産である。

登山口（水汲み場）の手前にある駐車場。あまり広くない。マナーのよい駐車を心がけよう。

宗像四塚《よつづか》の南端に位置する城山は、アプローチのよさと自然の豊かさから宗像四塚の中で最も人気が高く、一年を通して登山者の絶えない山である。「城山を守る会」の手によって道標や登山道の整備が日々行われており、初めて訪れる場合でも安心して歩ける環境が整っている。ビギナーや小さな子ども連れでも安心して登れる山とも言える。

　登山口はいくつかあるが、駐車場、水場、トイレが整備されている教育大登山口から登るのが便利。ＪＲ教育大前駅や西鉄バスを利用すれば、マイカーに頼らない登山も可能である。

　スタートは水汲み場脇の階段に取りつく。そこから山頂までゆっくり歩いても1時間程度。コースタイムと標高差だけを見ると油断してしまいそうだが、階段や急坂が多く、意外と登り応えのある道だ。油断は禁物。

　とはいえ、距離はそう長くない。熟練者にとっては、城山を越えて遥か先まで歩く四塚縦走路の準備運動。初心者にとっては山に親しむきっかけになる。そんな山である。迷いやすいところもなく、水汲み場から10分ほどで「自然道」と呼ばれる道との分岐に遭遇する。

　どちらを取っても山頂に通じているが、右の「自然道」は山麓を大きくトラバースする

水汲み場の横から階段が続く。ここが教育大登山口。付近に数台駐車できるが、満車になることが多い。

直登ルートと山腹を巻く「自然道」との分岐。初めての場合は、左の直登ルートを登るほうがいい。

山頂直下で三郎丸登山口から上がってきた道を左手に合わせる。山頂はもう間近である。

山頂まで距離は短いものの、階段や急な上りが多い。急がずゆっくり登っていこう。

宗像市民の憩いの場といった感じの城山山頂。城跡だけあって、平坦で広い。

城山山頂は北側が開けている。空気が澄んだ日には宗像沖ノ島が見えることもあるが、近年遠くまで見通せる日は少ない。

ルート。歩く人もそう多くないせいか、踏み跡の薄いところもある。もし初めての場合や子ども連れなら、左の直登ルートのほうが分かりやすいだろう。途中、三郎丸登山口からの道を左手に合わせ、20分ほどで山頂へ到着する。

城山は、その名の通りかつての山城跡。山頂は広々としていてとても気持ちがよい。城山を守る会の手によってベンチが整備されており、ゆっくり腰を落ち着けて快適に過ごせる山頂だ。

豊かな樹林に覆われているため、360度の大展望とはいかないが、北側の展望が開けており、天気がよければ世界遺産の「神宿る島」沖ノ島を望むこともできる。

山頂から北西へ続くトレースが宗像四塚縦走路。巨木が点在する自然林の中を気持ちよく歩ける。余裕があれば、石峠を経て金山までピストンするのもよかろう。

復路は東に延びる尾根を下り、上畑《じょうはた》分岐から「自然道」を経由して周回しよう。一部踏み跡が不明瞭なところもあるが、自然道分岐まで一本道だ。慎重に歩けば迷うことはないだろう。ムクロジ、スダジイ、ヤブニッケイ、コナラ、ムクノキ、イヌシデといった美しい自然林に包まれた癒しの道だ。ゆっくり歩いても1時間程度で下山できる。

さて、一年を通して登山を楽しめる城山だが、この山が最も賑わうのは、6月下旬から7月中旬ごろにかけて。というのも、「キノコの女王」の別名を持つ希少種、ウスキキヌガサタケを見ることができるからだ。

全国的に見ても自生地は限られており、県によっては準絶滅危惧種に指定されている希少なキノコである。例年、教育大登山口からの直登ルート沿いでの目撃情報が多い。運がよければ、登山口周辺でも見ることができるだろう。

ウスキキヌガサタケの存在は、城山の自然がそれだけ豊かである証である。ルールとマナーを守って観察していただきたい。

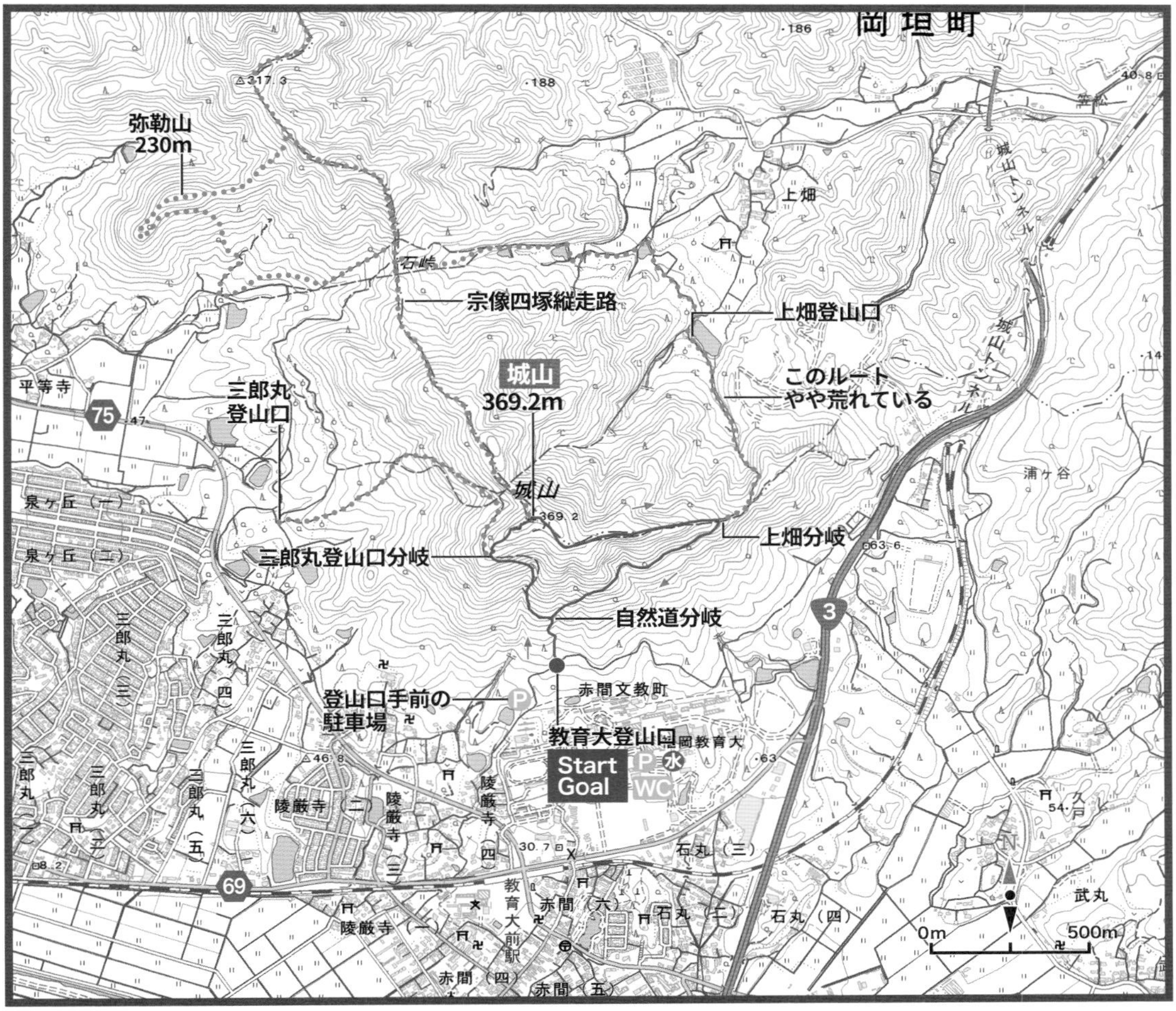

山行データ

■スタート地点　教育大登山口

■スタート地点の緯度経度とマップコード
33度48分52.18秒／130度35分29.10秒
マップコード＝68 521 308*26

■スタート地点と最高点の標高差　約270m

■歩行時間の目安　約２時間

■参考コースタイム
教育大登山口～10分～「自然道」分岐～30分～三郎丸登山口分岐～20分～城山～35分～上畑分岐～15分～「自然道」分岐～10分～教育大登山口（往路＝１時間／復路＝１時間）

■関係市町村
宗像市産業振興部商工観光課＝0940（36）0037

【山行アドバイス】

①登山口の駐車場は二ヵ所あるが、駐車台数はそれほど多くない。休日には満車になる場合も多いため、公共交通機関の利用を一考したい。

②ウスキキヌガサタケは、落ち葉の下から生えてくる。不用意に足を踏み入れると踏み潰してしまうため、登山道以外には絶対に入らないこと。

③登山口の城山水は美味しい水として有名だが、滅菌処理をされていない地下水である。案内板には飲用不可の記載がある。生水は避け、煮沸《しゃふつ》して使うようにしよう。

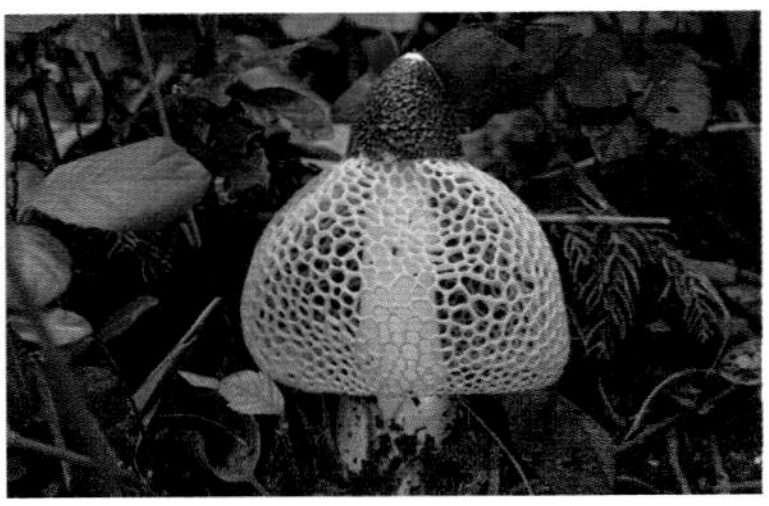
城山といえば、ウスキキヌガサタケといわれるほど有名。発生数は年によって異なる。

Route 34

白《はく》山（319）～孔大寺山《こだいし》（498・8）

花あり、巨樹ありのハードな縦走路

■登山口＝宗像市

本村登山口の駐車場は広い。左奥にトイレ、その右手に白山城跡の解説板がある。

宗像市と岡垣町の境に連なる宗像四塚《よつづか》の最高峰は標高498・8メートルの孔大寺山である。「孔大」とは大きな穴のこと。山頂に大穴があったことが山名の由来とされる。広い裾野を持つ風格のある山である。

登山口は、北の垂見峠、東の地蔵峠、西の椥野《なぎの》（孔大寺宮遥拝所）にあるが、いずれも周回するには不向きで、往復登山を余儀なくされる。

そこで、宗像市山田地区にある本村《ほんむら》登山口から近年花の山として脚光を浴びている白山に登り、孔大寺山へ縦走周回するルートを紹介しよう。

簡単に位置関係を説明しておくと、孔大寺山と地蔵峠の間にある鈍いピークから南へ派生する険しい尾根上に三つのピークが連なる。その南端の319標高点ピークが白山だ（国土地理院2万5000分の1地形図に記載はない）。鎌倉時代に宗像大宮司家が築いた本城の跡である。

本村登山口は、白山の南麓に鎮座する山田地蔵尊のそばにあり、トイレ完備の広い駐車場に地元の「白山城址を守る会」による案内板が立っている。カーナビを利用する際は、山田地蔵尊をキーワードにするとよい。

準備を済ませたら駐車場から山田地蔵尊に向かい、すぐ左折して本村公民館と民家の間を進む。「白山城跡登山道入口」という道標が目印だ。

間もなく左手に溜め池が見え、その反対側に取りつき点がある。周囲は植林で、白い手すり付きの階段を登って尾根に取りつく。登山道はよく整備されており、特に危険なところはない。

左手に手作りのベンチを見て、北北東へ高度を上げてゆくと「中間点」の道標に出合う。この辺りから照葉樹林に変わり、足下にスミレ、タツナミソウ、ナルコユリなどを見る。オカトラノオの群生地もあり、初夏には心弾む光景に出合う。

さらには、「白山城址を守る会」の会員の手によって貴重なエビネが植えられ、大切に守られている。近年、花の山として人気を集めているのは、このエビネに負うところが大きい。盗掘厳禁は言わずもがなである。

「堀切」の道標のすぐ先の南の展望が開けた地点をすぎ、ごつごつした樹肌のイヌシデの大木を見送ると次第に傾斜は緩み、ほどなくして平らで小広い白山山頂に飛び出す。

展望は東側の一部のみだが、大木の点在する照葉樹林に包まれた空間は居心地がよい。のんびりするにはうってつけである。

白山までは小さな子ども連れでも歩けるが、この先は小ピークを二つ越えるアップダウン、および宗像四塚縦走路に接続する険しい上りが控えている。子ども連れや体力に自信のない人は、白山までの往復にしよう。

ひと息入れたら、孔大寺山をめざし、まずは二つの小ピークを越える。白山までとは森の様子は異なり、薄暗い樹林の中をたどる。登山道は比較的はっきりしているものの、照葉樹の硬い落ち葉に覆われているところもある。とりわけ第三ピークからの約30メートルの急降下は手強い。慎重に下ろう。

鞍部に下り立ったら、正念

「中間点」の道標。頭上が開け、光が射すせいかナルコユリ、オカトラノオなどを見る。

白山山頂。木立ちに包まれて風情がある。ここまでは子ども連れでもOKだ。

場の急登にかかる。縦走路に出るまで約150メートルの上りだ。登山道というよりも薄い踏み跡をたどる急斜面の直登で、ロープに沿ってじわじわ高度を上げてゆく。

息の上がるきつい上りだが、あちらこちらに原生林を思わせる巨樹が点在しており、周囲の森はきわめて美しい。正念場であると同時に本ルートのハイライトとも言える。

孔大寺山山頂。山麓から眺めると大きく厳ついが、山頂はこぢんまりとして優しい印象である。展望は利かない。

アップダウンの緩い縦走路は、豊饒なる照葉樹林のプロムナード。快適に歩ける。

宗像四塚縦走路へ険しい上りが続くが、スダジイの巨樹を見ると残り約50メートルである。

前方に大岩が見えてきたら、縦走路まで残すところ標高差100メートル。右手におわすシイの巨樹を見る地点にくるとあと50メートルほどで、次第に傾斜は緩み、道標の立つ縦走路合流点に出る。

右(東)を取れば、地蔵峠を経て金山北岳へ。孔大寺山は左(西)へ進む。稜線をたどる縦走路は快適で、北へ向かって緩い上りが続く。小ピークを一つ越し、左手に椥野分岐を見送った先が三等三角点のある孔大寺山山頂である。

展望はほとんど利かないものの、照葉樹林に包まれたしっとりとした雰囲気の山頂である。木洩れ陽の中、ここでランチとしよう。

復路は、往路を椥野分岐まで戻り、西へ向かって谷間をトラバースする。やがて急傾斜の尾根に乗り、ジグザグに切られた登山道を緩やかに下ってゆく。周囲は植林で単調だが、孔大寺宮分岐まで苦労することはない。

分岐に出たら、左へわずかで県の天然記念物に指定された「孔大寺神社の大銀杏」を従えた古宮《ふるみや》に出る。孔大寺宮は、宗像大社の摂社の一つ。大己《おおなむ》貴命《ちのみこと》と少彦名命《すくなひこなのみこと》を祀る。

分岐へ戻り、麓にある孔大寺宮遥拝所へ向かって石段を下る。この下りは長く、足にこたえる。途中、古い手水舎を見た先で石段はいったん途切れてほっとするが、間もなく再び石段が始まる。

周囲が竹林に変わって明るくなると傾斜は緩み、鳥居をくぐって遥拝所に下り立つ。ここからは山麓を南へたどって本村登山口をめざす。

県道75号よりも里山の風情が残る東側の生活道を歩くほうが楽しい。遥拝所から本村

椥野分岐。復路はここまで戻り、孔大寺宮をめざして西へ下る。周囲は植林である。

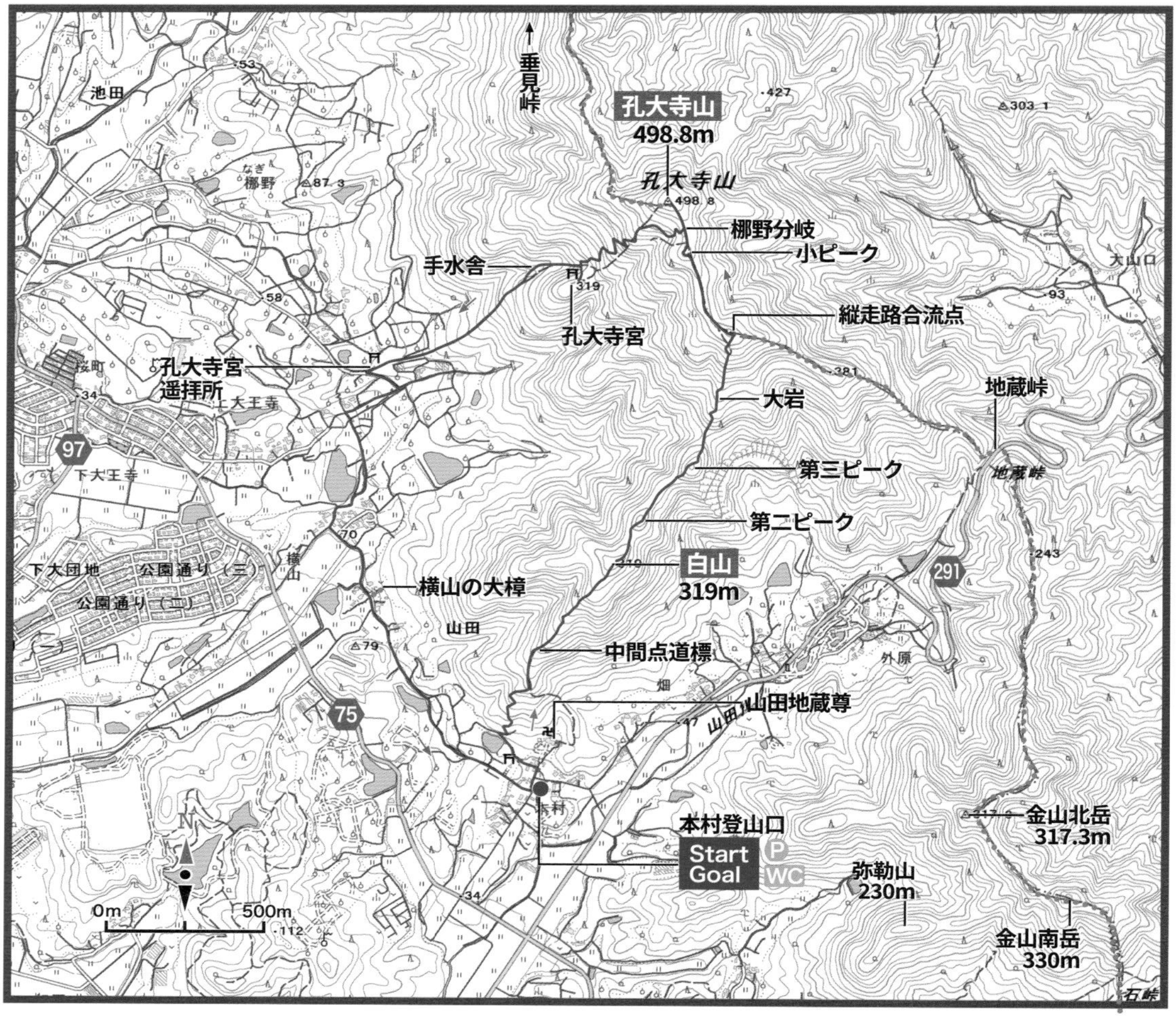

登山口までのんびり歩いて約40分の距離である。

［山行アドバイス］

①白山までは距離も短く、子ども連れのファミリーでも楽に歩ける。縦走周回は健脚向き。第三ピークからの下り、縦走路への上りは特に険しい。

②復路は、孔大寺山山頂から椨野分岐まで往路を戻ること。垂見峠へ直進すると、孔大寺宮へ至る登山道はない。

③孔大寺宮遥拝所から生活道をたどると、途中に「横山の大樟」がある。一見の価値ありの巨樹である。「横山観音堂（大樟）」の案内道標が目印。

標高319メートル地点にひっそりとたたずむ孔大寺宮。この先は長い石段の下りである。

山行データ

■スタート地点　本村登山口

■スタート地点の緯度経度とマップコード
33度49分56.11秒／130度33分58.54秒
マップコード＝68 578 427*87

■スタート地点と最高点の標高差　約450m

■歩行時間の目安　約3時間30分

■参考コースタイム
本村登山口～25分～中間点道標～25分～白山～15分～第三ピーク～35分～縦走路合流点～20分～孔大寺山～20分～孔大寺宮～30分～孔大寺宮遥拝所～20分～横山の大樟～20分～本村登山口（往路：孔大寺山まで＝２時間／復路：孔大寺山から＝１時間30分）

■関係市町村
宗像市産業振興部商工観光課＝0940（36）0037

Route 35

片江《かたえ》山（270）〜妙見《みょうけん》山（452）

清々しい自然林の尾根を歩く

■登山口＝福岡市城南区

妙見山は、油山山頂から北へ延びる尾根上の452標高点ピーク。アカマツやコナラといった自然林に包まれて、しっとりとした面持ちだ。

油山は、福岡市民の山である。だが、標高597メートルと本書のカテゴリーからは外れる。その油山から北へ延びる尾根に片江山と妙見山がある。マイカー登山全盛の時代だが、公共交通機関を利用してこの二つの山を縦走するルートを紹介しよう。

植林のイメージの強い油山だが、この二座を縦走するルートは自然林に包まれており、清々しい尾根歩きを楽しめる。それが大きな魅力である。

スタート地点は、福岡市営地下鉄の福大前駅か梅林駅のいずれか。取りつき点のある梅林緑道展望台までの距離はほぼ同じくらいだが、福大前駅はバス便も充実しており、バスを使えるメリットがある。

駅から梅林緑道までは路地の入り組んだ住宅地を抜けねばならず、思いのほか分かりにくい。グーグルマップなどスマートフォンのアプリを活用しよう。そのほうが確実だ。

梅林緑道入り口から長くて急な階段を登った小広場が展望台で、尾根へのルートが口を開けている。ここから南東方向へ、まずは246標高点へ向かう。

登山道は明瞭で、足下にはシダが多いが、コナラやホオノキといった自然林に包まれた尾根歩きは快適だ。5月初旬ごろからはコガクウツギの白い花が登山道を彩る。

246標高点ピークへ至る間に道標のない分岐が左右にあるが、いずれも無視して忠実に尾根をたどり、じわじわ標高を稼ぐとやがて246標高点ピークに達する。その先で登山道は二分するが、左は小ピークを経由する道、右は巻き道である。どちらを取ってもよい。

さらに南進すると、右手に「市営造林地」の目立つ看板を見る。そこも分岐で、北西へ道が通じている。片江山はそこからひと上りした小広場。山頂標識に標高276とあるが、地形図から読み取れるのは270メートルである。

片江山から妙見山にかけても左右に分岐を見る。だが、いずれも尾根を忠実になぞればよい。ただし、一ヵ所だけ

梅林緑道入り口から長い階段を登る。

階段を登った先の展望台が梅林緑道登山口。南に向かって明瞭なトレースがある。

妙見山の先にある妙見岩。道なりに直進すると油山山頂へ。左を取って油山観音へ下る。

片江山山頂。自然林に包まれたピークである。

尾根を外れて西へ巻く三差路がある。ここは注意を必要とするポイントだ。

道標はなく、道なりに直進しそうになるが、右手に見える白い風化花崗岩の道を下り、いったん西油山林道の終点へ出る。直進すると、すぐ左手に南片江に通じる道を分け、その先からも林道終点に下りられるが、傾斜は急である。手前から下るほうが安全だ。

林道終点から南進すると舗装林道に変わり、左手に草に覆われた古いゲートを見る。これは片江展望台へ通じる道である。妙見山へは西油山林道をそのまま南へたどれば、左手に取りつき点を示す道標がある。この辺りがいささか分かりにくいかもしれない。

道標から左折して尾根に戻り、もう一つの片江展望台分岐を左に見送って登ると、割れたハートに見える岩を見る。そこからひと上りしたところが大岩の並ぶ妙見鼻だ。

油山北尾根のランドマークの一つで、徳栄寺から上がってきた道を合わせる。東の展望が開けており、大岩に座ってひと息入れてゆく人が多い。岩のそばにはヤマボウシの木がある。

妙見鼻からは、標高差約50メートルのややきつい上りが待っている。大きな反射板を二つ見て進むと不意に視界が開け、近年開かれた妙見望へ至る。博多湾を望む好展望地で、手作りのベンチが置かれている。

その南にある４５２標高点ピークが妙見山で、妙見望から10分足らずの距離である。樹林に囲まれて展望は利かない。どちらかといえば、通過点のような山頂である。

復路は妙見山からさらに南進し、妙見岩から左(東)に折れて油山観音へ下る。最初は自然林だが、やがて林床をシダが覆う単調な植林帯の道に変わる。傾斜も急だ。慎重に下

きらきらした森の中にくっきりと登山道が続く。これが油山北尾根の魅力。

油山観音への下り。最初は自然林だが、やがて単調な植林になる。

右手に白い風化花崗岩が見えたら尾根から外れて西油山林道へいったん下る。

山行データ

■スタート地点　梅林緑道登山口

■梅林緑道登山口の緯度経度とマップコード

33度32分29.83秒／130度21分35.72秒

マップコード＝13 133 554*57

■スタート地点と最高点の標高差　約430m

■歩行時間の目安　約３時間５分

■参考コースタイム

市営地下鉄福大前駅～ 20分～梅林緑道登山口～ 30分～ 246標高点ピーク～ 15分～片江山～ 20分～妙見鼻～ 20分～妙見山～ 5分～妙見岩～ 25分～浩然台～ 20分～油山観音～ 30分～油山団地口バス停（往路：妙見山まで＝１時間45分／復路：妙見山から＝１時間20分）

■関係市町村

福岡市城南区役所＝092（822）2131

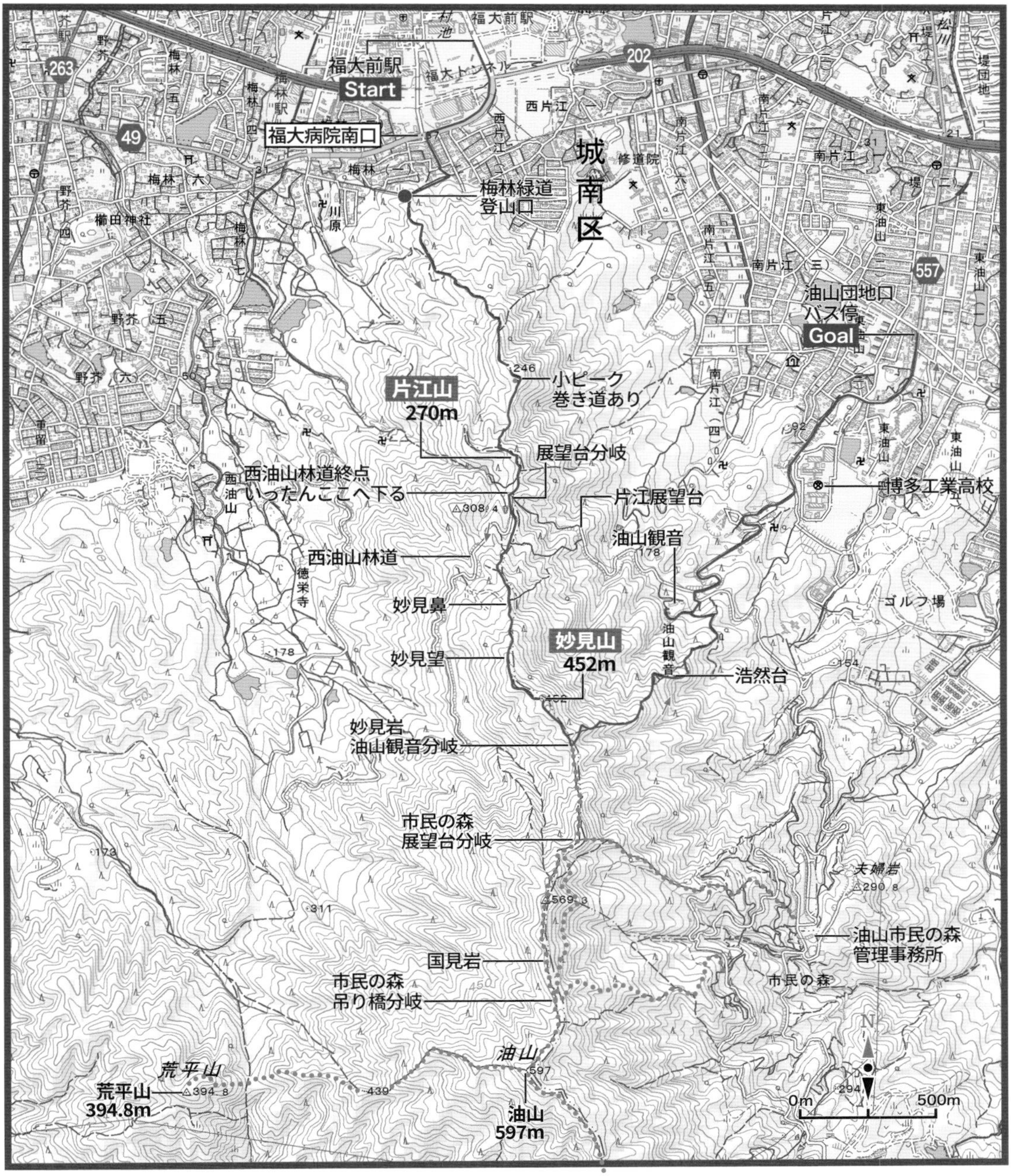

ろう。

油山観音に下り立ったら参詣し、油山団地口バス停まで長い車道を下る。この車道歩きが長く、いささか骨が折れるかもしれない。

［山行アドバイス］

①本ルートは、自然林に包まれた尾根歩きが最大の魅力と言える。左右にいくつも分岐を見るが、基本的に尾根を忠実にたどればよい。登山道は明瞭でしっかりしている。片江山、妙見山ともにピーク感は薄いが、雰囲気はいい。

②春から秋にかけては花も多い。妙見鼻、妙見岩にはヤマボウシがある。そのほか、福岡県のレッドデータで絶滅危惧種に指定されている希少な野草もある。盗掘防止のためあえて植物名は挙げない。見つけたら写真に撮るだけにして、そっと見守ってほしい。

③妙見岩から油山へ足を延ばすと、歩き応えのあるロングルートになる。往復で約1時間半ほど見ておく必要がある。

Route 36

西《にし》山(476)〜愛宕《あたご》山(488)

ヤマザクラの巨木をはじめ見どころ多数

■登山口＝香春町

椿台付近。美しい樹林が、昔の里山はこんなふうだったのだろうと思わせる。

湯山第一登山口の駐車場。地元のボランティアグループ「道草の会」の手によって整備されている。

田川郡香春《かわら》町は古代より交通の要衝として栄え、採銅所、香春神社、古宮《こみや》八幡宮、清祀《せいし》殿など歴史に名を刻む地名や史跡が多数残っている。また、四方を山に囲まれており、古くから登山者に親しまれてきた山がいくつもある。

長大な福智山系の一角にある牛斬《うしきり》山、同町のシンボル香春岳、くっきりと山城の跡を残す障子ヶ岳、九州自然歩道が通る大坂山(飯岳《いのたけ》山)などがそれに当たる。そうした中で、歴史こそ浅いものの、気持ちよく歩ける低山として人気の愛宕山を取り上げてみよう。

国道201号高野口の交差点から南東方向へ入ったところにある湯山第一登山口から取りつき、西山〜愛宕山とめぐって湯山第一登山口に下り、舗装林道を歩いて戻るルートである。

位置関係を簡単に説明しておくと、前述の大坂山山頂から北西に延びる長い尾根上のピークが愛宕山で、その周囲に西山、高山などが肩を寄せ合っている。愛宕山から北に延びる支尾根には小富士山もある。

取りついてすぐ九電の送電鉄塔を見る。そのそばに立つヤマザクラの大木は「九電桜」と名づけられている。尾根を緩やかに東へたどると、「浦松桜」に出合う。登山道はしっかり踏まれており、快適に歩ける。

小ピークを一つ越して高度を上げ、215標高点をすぎると、イヌシデの大木の先に四方に身をよじるように枝を伸ばしたヤマザクラの巨木を見る。これが愛宕山のシンボルとも言うべき「八又《やまた》の山桜」である。

取りつき点は、駐車場の前。迷うことはない。

浦松桜をすぎた辺り。温もりのある照葉樹林の中をたどる。

愛宕山は、今から10年以上前にヤマザクラの巨木が点在する新ルートとして一躍脚光を浴び、今日に至っている。ルートを拓いたのは香春町のボランティアグループ「道草の会」。駐車場をはじめ、登山口、登山道、道標など今なお整備に取り組んでいる。

話を戻そう。「八叉の山桜」をすぎると、ひと上りで椿台と呼ばれる平らなピークに至る。その名の通りヤブツバキの多いところだ。照葉樹の美しい平坦地は、癒しの森と呼ぶにふさわしい趣がある。そこから緩く下って、湯山第二登山口分岐へ。復路でポイントになる地点である。

ここからやや急な上りが始まり、ヒノキ林に沿って50メートルほど標高を上げると、くまのみずき展望台に出る。振り向けば、石灰岩の採掘が進む香春岳一ノ岳の痛々しい姿が間近に迫る。

その先も上りは続き、403・6四等三角点をすぎると、左(北)へカーブして浅い谷間に彦山川源流点を見る。ここまでくれば山頂はもう一息。南へ回りんで西山分岐に出合い、直進して数分で476標高点のある西山山頂に達する。展望は樹間にわずかだが、平らな頂は居心地がよい。

愛宕山山頂は、ササの切り分け道を東へ5分ほど進んだところ。縦に細長い山頂は頭上が開け、開放感たっぷりである。気候のいいころならば、オオバヤシャブシやゴマキの木のそばで昼寝でもしたくなるだろう。

復路は湯山第二登山口分岐まで往路を戻り、右(北)を取って下る。5分ほどで下り立ったところが湯山第二登山口である。ここまで車で入れる

地元の人たちの愛を感じる愛宕山山頂。よく整備されており、すっきりしている。ここから東の愛宕山東峰へ下ると、大きなヤマボウシの木がある。

愛宕山のシンボルツリー、八叉の山桜。株立ちした大木である。

476標高点が西山山頂だ。南北に細長く、山頂標識は南端(奥)にある。

くまのみずき展望台から香春岳一ノ岳を望む。

湯山第二登山口分岐。復路はここまで戻り、右を取って北へ下る。

湯山第二登山口。右手奥から下りてくる。

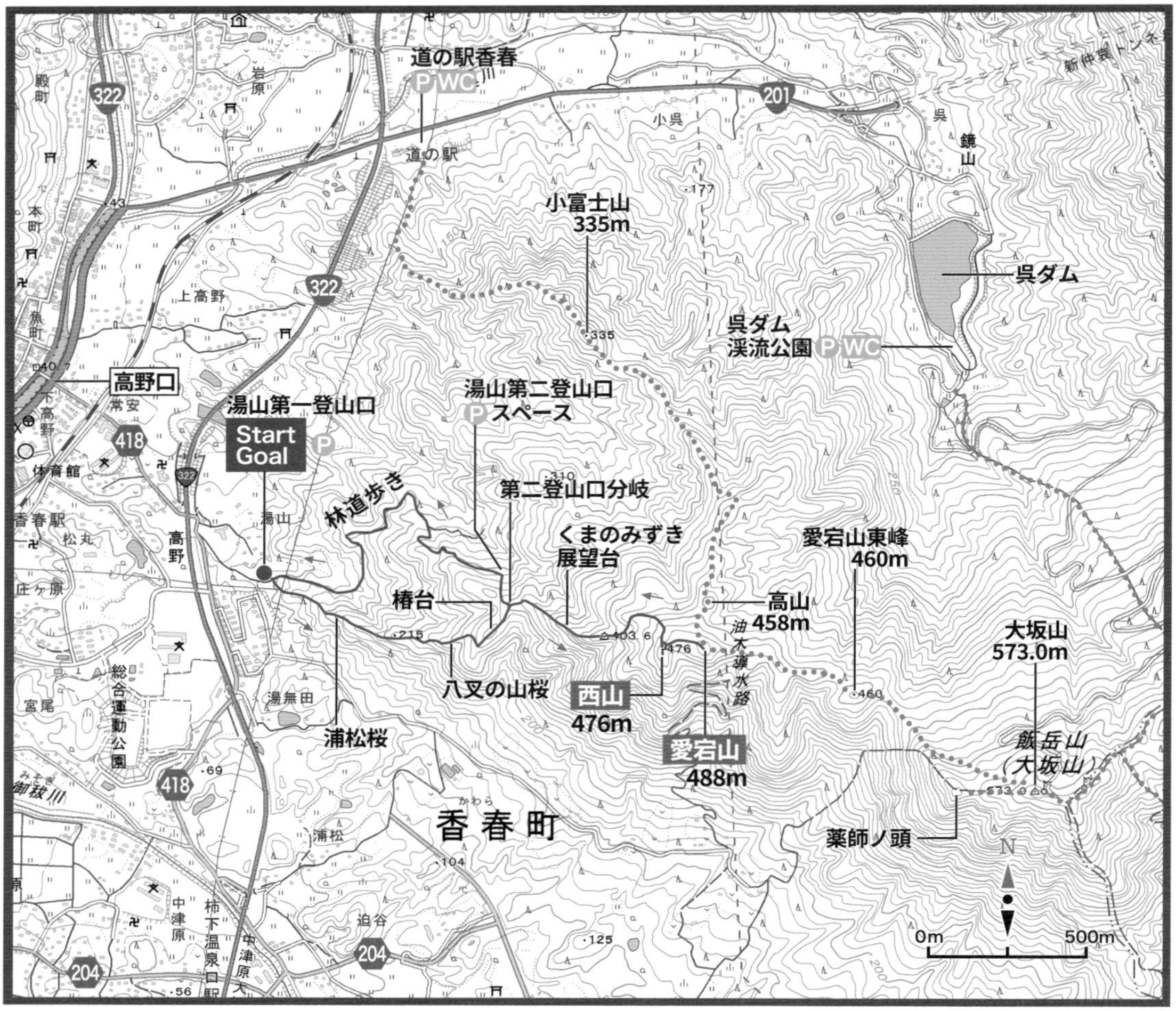

が、ヤマザクラの大木や椿台といったこの山の見どころをスルーしてしまう。ここから取りつくとしたら、大坂山をめざす場合だろう。

湯山第二登山口からは、舗装林道をのんびり下って第一登山口へ戻ろう。途中、展望の開けるところもあって、さほど退屈しない。

［山行アドバイス］

①登山道は明瞭で、要所には道標が立ち、ランドマークも随所にある。迷う心配はない。ただし、下山する際は、愛宕山山頂から北と東へ登山道が延びている。必ず道標を確認して下ろう。

②北へ下る道は、高山、小富士山を経由して国道２０１号沿いにある道の駅「香春」へ通じている。車道を歩いて湯山第一登山口へ周回できる。また、尾根を東へたどると、愛宕山東峰を経て大坂山山頂へ至るが、健脚向きと考えたい。ファミリーハイクなら西山〜愛宕山で十分楽しめる。

山行データ

■スタート地点　湯山第一登山口

■スタート地点の緯度経度とマップコード
33度39分51.22秒／130度51分19.56秒
マップコード＝96 582 298*43

■スタート地点と最高点の標高差　約400m

■歩行時間の目安　約２時間

■参考コースタイム
湯山第一登山口〜 25分〜八叉の山桜〜 10分〜第二登山口分岐〜 10分〜くまのみずき展望台〜 20分〜西山〜 5分〜愛宕山〜 20分〜くまのみずき展望台〜 5分〜第二登山口分岐〜 5分〜湯山第二登山口〜 20分〜湯山第一登山口（往路：愛宕山まで＝１時間10分／復路：愛宕山から＝50分）

■関係市町村
香春町産業振興課商工観光係＝0947（32）8406

Chapter 8

味わい深い冒険ルートをたどる

低山でも冒険は可能である。
知識と技術をたずさえて未知の世界へ。

Route 37

立花《たちばな》山七峰めぐり（367・0）

一日で七つのピークに立つ健脚向けの冒険路

■登山口＝福岡市東区

立花山には緑豊かな森があちらこちらに残っている。未来へつなぎたい大切な自然である。

「福岡県で最も登山者が多い低山は？」と聞かれて、真っ先に思いつくのは立花山だろう。福岡市の東端に位置し、新宮町、久山町にまたがるこの山塊には、九州一の大都市近郊の山とは思えないほどの豊かな自然が残っている。

　加えて、ルートは多彩。道標や登山道もよく整備されている。幼い子ども連れのファミリー登山から初心者の練習登山、はたまた熟練者のトレーニング登山までさまざまなスタイルで楽しめる懐の深い山域である。

　ところで、一般的には中世の山城跡として知られる立花山の名前が有名だが、周辺には小ピークがいくつもある。そのうち七つのピークに名前が与えられ、「立花七峰」と呼ばれていることをご存じだろうか。

　七つの峰とは、立花山、松尾山、白《しら》岳、大一足《おおいっそく》、小一足《しょういっそく》、大つぶら、小つぶらを指す。山名の由来は定かではないが、18世紀の『筑前国続風土記』にも記載のある由緒ある峰々である。この立花七峰をぐるりとめぐるルートを紹介する。

　登山口が多く、周回ルートもさまざまなプランが考えられるが、都心部から公共交通機関でもアプローチが可能な西鉄下原《しもばる》バス停（下原口）を基点に歩くことにしよう。

　下原バス停には「立花山登山道入口」の道標と案内板がある。それに従って舗装路を山手に歩くと、すぐ三差路に

右手の道は内野池へ通じている。白岳は左を取り、尾根に乗って急登する。

鷲尾大権現。ここが取りつき点で、登山道に入る。

西鉄バスの下原バス停。背後に見えるピークは、左から白岳、松尾山、立花山。

白岳山頂。急登で弾んだ息をここで整える。春から秋にかけてさまざまな花が咲くところだ。

松尾山山頂。これといって特徴はなく、多くの人が素通りしてゆくといった印象である。

白岳への上りはとても険しい。先はまだまだ長いから、焦らず息が上がらないようゆっくり歩を進めよう。

行き当たる。ここを左へ。道なりに進み、民家がなくなった先で再び道標の立つ三差路に出合う。ここも左を取り、「大権現登山道口」へ向かう。右は立花山山頂の南側に出るルートで、復路はそちらに下りてくる。ここはしっかり覚えておきたいポイントだ。

　登山道は前述の三差路で左を取ったあと、鷲尾大権現まで車道を詰めたところから始まる。まずは白岳をめざす。登山道はしっかりしているが、分岐がいくつもあり、それぞれ進路を確認しながら進む必要がある。

　最初の分岐には、「右・大権現登山道、左・内野池」とある。白岳に登るには左へ。右を取ると、白岳をスルーして松尾山と立花山を結ぶ縦走路に出てしまう。

　次の分岐、内野池への道を右手に見送り、尾根に取りついた地点から白岳山頂までがこの周回ルートで一番の急傾斜である。きつい上りだが、周囲に驚くほど巨大なクスノキが連続する自然豊かな道でもある。周りの景色を楽しみながら踏ん張りたいところである。白岳山頂は小広場ふうで、四季折々にたくさんの花が咲く。ここで小休止して呼吸を整えよう。

　松尾山は、白岳山頂から鞍部へ下り、登り返して15分ほどのところ。距離は短いものの、この登り返しも急斜面できつい。マイペースで登ろう。松尾山山頂はわずかに展望が開けている。とはいえ、腰を下ろすほどではない。縦走路の通過点といった感じで歩いている人が多い印象だ。

　松尾山からは尾根を伝って立花山に直登するのが一般的だが、ここでは大つぶら、小

樹林に包まれた大つぶら山頂。静かで味わい深いピークである。

立花山山頂の北直下にある屛風岩。ここで立花口からの登山道を合わせる。

いつも登山者で賑わう立花山山頂。展望もことのほか雄大である。

小つぶら山頂。松尾山からこのピークにかけては慎重に踏み跡をたどろう。

大一足山頂。心地のよい森の中のピークである。馬責め場を経てここに至る。

大クス分岐。右の道は「森の巨人」へ続く。左を取って馬責め場へ向かう。

つぶらに寄り道する。両者は谷を挟んで相対する小ピーク。松尾山から南へ下った鞍部で「下原方面」の道標に従い、右折。気持ちのいい自然林の中、勾配が緩やかになった付近で右手に大つぶら、左手に小つぶらを示す私標に出合う。

周回するためには、まず大つぶらに登り、分岐に戻って小つぶらを経て立花山へ向かう。大つぶら、小つぶらともに私標と踏み跡が頼りで、ある程度のルートファインディング力が必要だ。どちらのピークも展望は利かないが、自然林に囲まれた心地よい広場で、ゆっくり休憩できる。

小つぶらから東の尾根を登った先が立花山だ。この尾根も距離は短いものの、かなりの急登。低山ながら、しっかり汗をかく急登が多いのも立花山の特徴の一つだろう。

立花山山頂は、平日でも登山者に会わないことはないほどいつも賑わっている。展望はピカイチで、眼下に福岡市街が広がり、宝満・三郡山系や脊振山系、玄界灘なども遠望できる。人気があるのも納得の頂だ。

立花山山頂からは古井戸・屛風岩方面へ下る。屛風岩で立花口からの登山道と合流し、右手前方に進むと、すぐ「三日月分岐／クスノキ原生林」の道標が立つ三差路に出合う。ここはクスノキ原生林方面へ進み、数分先にある修験坊ノ滝分岐を左手に見送ると、すぐ「右・立花山大クス／左・馬責め場」の私標を見る。大一足に登るには左を取る。

ちなみに、立花山の大クスは「森の巨人たち百選」に選定されている圧巻の巨木である。分岐から5分ほどの場所に威風堂々そそり立っている。立花山を訪ねた際はぜひ立ち寄っていただきたい。

この先、場違いなイスが並ぶ馬責め場を経て、大一足、小一足と進み、アップダウンのある道を折り返す。一部ササがうるさい区間もあるが、踏み跡は明瞭で、慎重に歩けば迷うことはない。

大一足、小一足ともに樹林に覆われた小ピークで山頂感は乏しいが、自然林の中にたたずむ心地のよい場所だ。気分的には、登頂というより森林浴ハイキングといった感じである。

復路は、往路を三日月分岐の三差路まで戻り、クスノキ原生林の巨木を楽しみながら

小さな手作り標識が立つ小一足山頂。ここから大クス分岐へ折り返す。

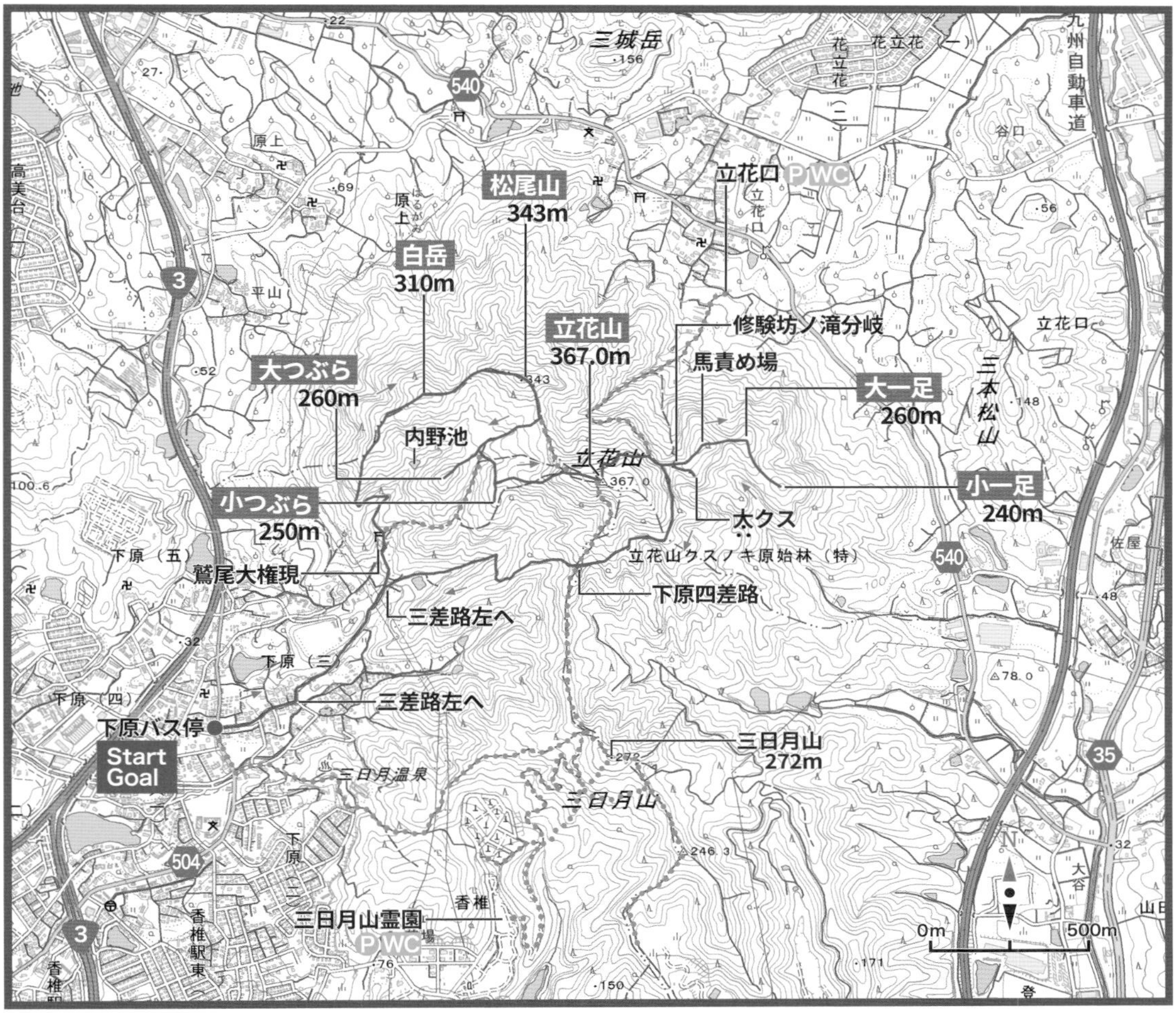

山行データ

■スタート地点　下原バス停

■スタート地点の緯度経度とマップコード
33度40分21.63秒／130度27分19.81秒
マップコード＝13 624 298*22

■スタート地点と最高点の標高差　約330m

■歩行時間の目安　約４時間10分

■参考コースタイム
下原バス停～20分～鷲尾大権現～40分～白岳～15分～松尾山～25分～大つぶら～15分～小つぶら～15分～立花山～25分～大一足～10分～小一足～10分～大一足～40分（大クス経由）～下原四差路～35分～下原バス停（往路：立花山まで＝２時間10分／復路：立花山から＝２時間）

■関係市町村
福岡市東区企画振興課＝092（645）1012

下原四差路まで歩く。時間に余裕があれば、四差路から三日月山へ縦走するのもよかろう。四差路で西を取れば、下原バス停へ下山する。

［山行アドバイス］

①下原バス停付近のコインパークは駐車台数が限られ、満車の場合が多い。アプローチは、西鉄バス利用が確実で安心だ。天神中央郵便局前から下原行きが運行している。

②登山道が複数あり、道を取り違えると思いもよらない場所に出てしまう。地図、GPSアプリを用意し、小まめに確認しながら歩くようにしよう。

立花山山頂の南側にある下原四差路。ここから下原方面へ下る。

Route 38

岩屋神社《いわやじんじゃ》

岩峰群とゲンカイツツジと石仏と

■登山口＝東峰村

ゲンカイツツジは岩場に咲く落葉性のツツジで、3月の半ばごろにあざやかな桃色の花を咲かせる。分布はごく限られ、福岡県のレッドデータでは準絶滅危惧種である。山というくくりからは外れるかもしれないが、この珍しいゲンカイツツジの咲く東峰村の岩屋神社を訪ねてみよう。

同社は平地にある神社とは異なり、一帯は剥き出しの岩稜帯である。英彦山修験道の行場の一つで、そそり立つ岩峰や絶壁が狭いエリアに密集し、低山の大人しいイメージとは一線を画す。クサリ場が多数あって、山慣れた人でも慎重な行動が要求される。まさに冒険ルートと呼ぶにふさわしいフィールドだ。それからすると、山と捉えてもおかしくはなかろう。

問題は、山頂をどこにするか。神社下にある「岩屋公園マップ」を見ると、名前のある岩峰だけでも十指に余る。しかし、岩上に立てるのは、馬ノ首根《こうね》岩、重ね岩、見晴岩など限られている。そこで、クサリ場の上りはあるものの、比較的容易に登れる見晴岩を山頂とし、神社下から奥ノ院へ反時計回りで周回するルートを案内する。

岩屋神社の鳥居と案内板。この手前に駐車場とトイレがある。

彼岸のころに咲くといわれる岩屋神社のゲンカイツツジ。境内でも見られる。

馬ノ首根岩の下部を一本のタガネでくり抜いたといわれる洞門をくぐる。

神社下に駐車したら、鳥居をくぐって境内に入る。県指定天然記念物の大ツバキを見て、石段を登った斜面に無数の石仏が並ぶ。最初のスポット、「岩屋の首無し地蔵」である。一種異様な雰囲気に息を飲むことだろう。首無し地蔵は、明治時代の廃仏毀釈《はいぶつきしゃく》によって破壊された仏像だ。谷底に捨てられていたものを村人たちが広い集めて安置したという。

山伏良辨《りょうべん》がタガネで彫ったと伝わる洞門をくぐると、右手の斜面に五百羅漢が並び、隣に急で長い石段が続いている。これを登ると、梵字岩のたもとに針ノ耳を見る。そばに国の重要文化財である岩屋神社本殿が、そそり立つ権現岩のたもとで揺るぎない存在感を放っている。

奥にあるクサリを使って下りるヤセた岩稜が馬ノ首根岩だ。振り返ると、高さ54メートルの権現岩とその下部に鎮座する岩屋神社が異様な迫力で迫る。岩上からは周囲が開け、山深い景観が広がる。ちなみに先にくぐった洞門は、この岩の南端付近に当たる。

観光客が訪ねるのは大方ここまでだが、この先にも見どころが多数ある。本殿に戻って「見晴岩２８０ｍ」の道標に

急な石段を登って岩屋神社本殿へ。

大展望をほしいままにできる馬ノ首根岩の先端。ここに立つには、岩屋神社からクサリで2メートルほど垂壁を下る必要がある。

従い、奥ノ院へ向かう。
まずは険しい斜面の岩窟に天空の楼閣のような面持ちで鎮座する熊野神社に立ち寄り、

国の重要文化財に指定されている岩屋神社。ご神体は空から降ってきたと伝わる宝珠石である。

馬ノ首根岩から振り仰ぐ権現岩。岩屋神社が誇るシンボル的な眺めである。岩のたもとに寄り添うように岩屋神社本殿がたたずむ。

奥ノ院から往路を見晴台西の三差路まで戻り、大日社を示す道標に従ってクサリで急降下する。けっこう長い下りである。

重ね岩。熊野神社から岩の回廊をたどると、右手に見えてくる。名前の通り岩が重なる姿をしており、岩上に登れる。

見晴岩へ向かってトラバースする。周辺には岩稜帯を縫うように道が作られている。片側は切れ落ちている。行動は慎重に。

巨大な岩陰におわす奥ノ院。辺りは背筋がぞくっとするような静かな空気に満ちている。

そこから回廊のようなトラバース道を北進すると、右手に重ね岩を見る。そそり立つ岩峰だが、ヤセ尾根を伝って岩上によじ登ることができる。

元に戻り、岩壁の下部をトラバースしたあと、右手が切れ落ちた岩のステップを慎重に登る。足下が平らになると左手にクサリの下がる絶壁がある。足掛かりは少ないが、クサリを伝って登ったところが見晴岩だ。標高は３９０メートル近くありそうだ。周囲にはゲンカイツツジが多い。

見晴岩から西へ下り、大日社分岐の三差路で北へ進路を変えて道なりに進むと、鶯《うぐいす》窟に出合う。それを見送った先が巨大な岩陰におわす奥ノ院である。訪れる人も少なく、静謐《せいひつ》な空気に満ちている。かたわらに並ぶ優しい表情の石仏を見ていると、不意に祈りの気持ちが込み上げてくるような場所である。

復路は見晴岩の西にある三差路まで戻り、右を取って大日社へクサリを頼りに急降下する。大日社は、不動様の角

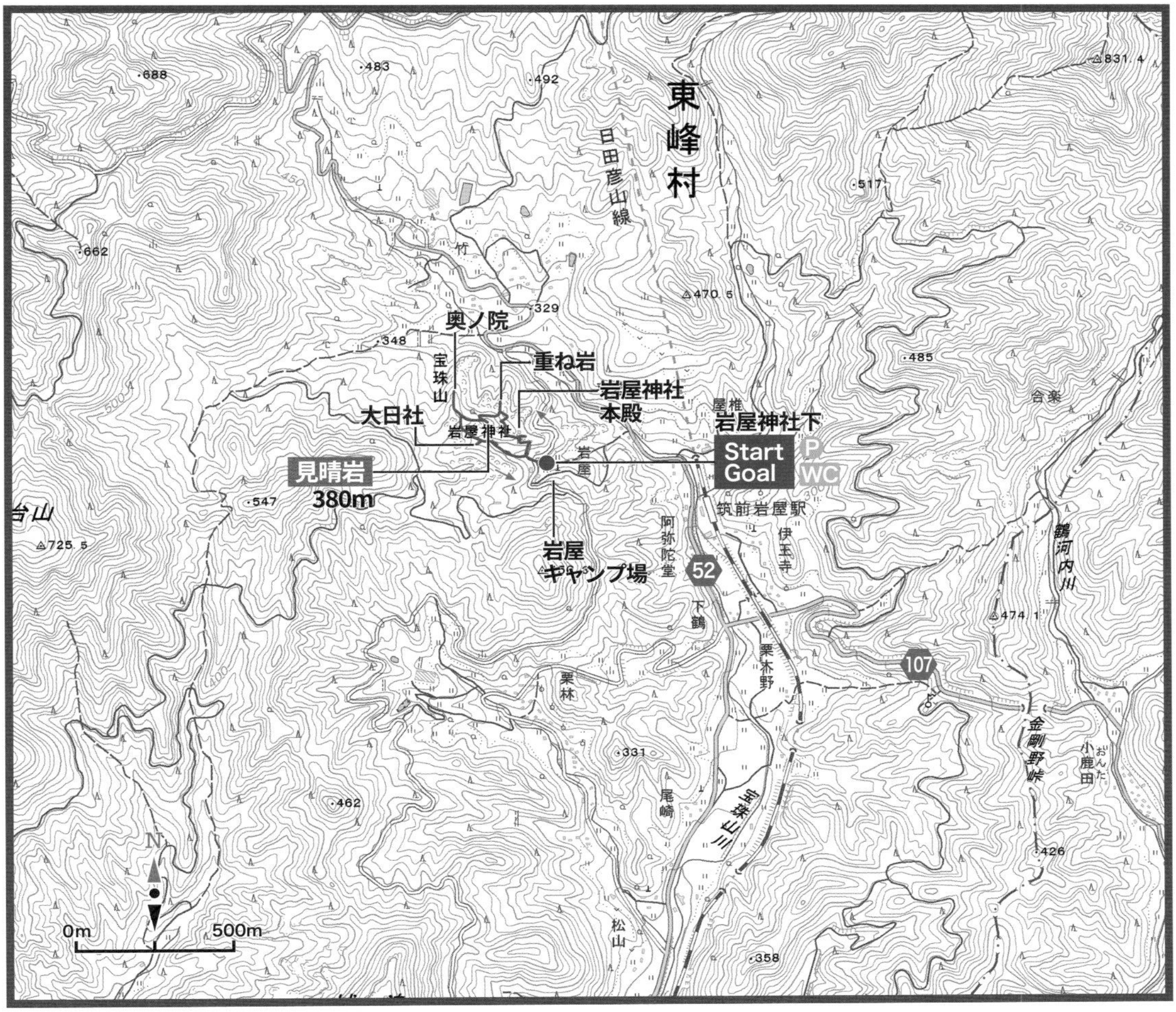

から右折して数分のところ。あとは石畳の道を南東へたどれば、岩屋神社の境内に帰り着く。

不動様。ここから右折して100メートルほど進むと、大日如来を祀る大日社がある。

【山行アドバイス】

①一帯は岩屋公園として整備されており、狭いエリアに見どころがぎっしり詰まっている。小一時間もあれば周回できる。ただし、ほぼ岩場歩きである。

②岩屋神社から先はほとんど岩稜帯である。要所にはクサリが渡してあるが、行動は慎重に。重ね岩、見晴岩への上りも危険なところがある。無理と判断したら控えること。

山行データ

■スタート地点　岩屋神社下

■スタート地点の緯度経度とマップコード
33度25分56.35秒／130度52分32.31秒
マップコード＝383 030 431*80

■スタート地点と最高点の標高差　約60m

■歩行時間の目安　約１時間５分

■参考コースタイム
岩屋神社下〜15分〜岩屋神社本殿〜10分〜重ね岩〜5分〜見晴岩〜10分〜奥ノ院〜15分〜大日社〜10分〜岩屋神社下（往路＝30分／復路＝35分）

■関係市町村
東峰村農林観光課＝0946（72）2313
岩屋キャンプ場＝0946（23）8423

Route 39

岩石山《がんじゃく》（454）～葛城山《かつらぎ》（322・0）

心弾む巨大な露岩と自然林の縦走路

八畳岩からの展望。右手に香春岳、その背後に福智山。八畳岩は名前の通り平らで広い。

取りつき点。いきなり急な上りから始まる。努めてゆっくり登っていこう。

駐車場は、岩石トンネルの赤村側出入り口、弓張林道の基点に整備されている。

■登山口＝赤村

「岩石山の落ちない岩」と名づけられているチョックストーン。これをくぐる。

添田町で人気の山といえば、真っ先に英彦山の名が思い浮かぶ。紛れもない福岡県の名峰だが、それに負けない人気を誇るのが岩石山だ。標高500メートルに満たない低山ながら、登山者の姿を見ない日はないと言っていいほど近隣、遠隔を問わず登山者に愛されている。

登山口は東の赤村側と西の添田町側にある。周回ルートが取りやすい添田町側から登る登山者が多く、そちらがメインだが、赤村側から取りつき、北に位置する葛城山へ縦走して周回できることは意外と知られていない。ここでは、赤村側から登るどちらかといえば玄人好みの周回ルートを紹介しよう。

登山口は、岩石トンネルの赤村側出入り口のすぐ近くである。弓張林道の起点に駐車場が整備されている。トイレや自動販売機はないから、準備は事前に済ませておこう。

駐車場から5分ほど弓張林道を南東へ進むと、右手に取りつき点が見えてくる。

登り始めからいきなり急登だが、そんなに距離は長くない。植林の中、よく踏み固められた道が続く。不動明王が祀られた大岩をすぎ、もうひと上りすると「岩石山の落ちない岩」として有名になりつつある巨大なチョックストーンに出合う。

登山道はチョックストーン

の下をくぐって続いており、なかなかの迫力である。その先も急登が続くものの、針ノ耳、はさみ岩といった大岩が連続し、変化に富んでいる。

急な上りは八畳岩まで続くが、周囲はいつの間にか自然林に変わり、気持ちのよい尾根歩きを楽しめる。八畳岩から先は、山頂までなだらかな上りである。その途中にも大砲岩、国見岩、梵字岩、獅子岩といった大きな露岩が連続し、飽きることはない。赤村側から登る魅力は、チョックストーンをはじめとしたこれらの露岩にある。

平坦な馬場跡までくれば、山頂はもうすぐそこだ。大きな展望台が整備された山頂でゆっくり過ごしたあとは進路を北に取り、葛城山をめざす。この先、添田町側からの登路と錯綜して分かりにくくなるが、伊原峠までは「岩石トンネル」の道標に従い、尾根をたどってゆく。

古い私標の残る伊原峠は、赤村と添田町を結ぶルートの要。葛城山は登らずに、ここから岩石トンネル方面に周回することも可能である。

伊原峠からアップダウンを繰り返しながら葛城山をめざす。尾根伝いの道で、ジャンクションピークも少なくない。慎重に進路を定めて歩こう。特に278標高点ピークを越えた先は、西へ向かう道が続いており、間違えやすい。地図やGPSアプリを使って進行方向をしっかり確認しながら歩く必要がある。

三等三角点のある葛城山は自然林に囲まれており、残念ながら展望は利かない。ここでは、山頂北にある二つに分かれた大露岩に注目したい。「愛敬瀬戸《あいきょうせと》（生れ岩）」と呼ばれるこの大露岩は、修験者が生まれ変わりの行を行った場所といわれる。実は、岩石山・葛城山一帯は、英彦山と福智山を結ぶ秋の峰入りルートの一部だったと考えられており、この大露岩も重要な修行の場所だったと伝わる。稜線の自然林歩きと信仰の愛敬瀬戸、この二つが葛城山の大きな魅力である。

復路は、愛敬瀬戸から5分ほど北上した小ピークで進路を北東の支尾根に取り、舗装林道へ下る。支尾根入り口に道標はないが、よく見ると目印テープが続いている。右手を注意深く見ながら歩こう。

ほどなく舗装された林道大

八畳岩から先は、露岩を見ながら豊かな自然林の尾根をたどる。

岩石山山頂。そばにある木造の大きな展望台に上がれば、眺めよし！

愛敬瀬戸。英彦山修験道の行場の一つと考えられている。二つに割れた岩の間を通り抜ける。

四辻の伊原峠。赤村と添田町を結ぶ古い生活道で、今は登山ルートになっている。

自然林の中の葛城山山頂。残念ながら展望は利かない。

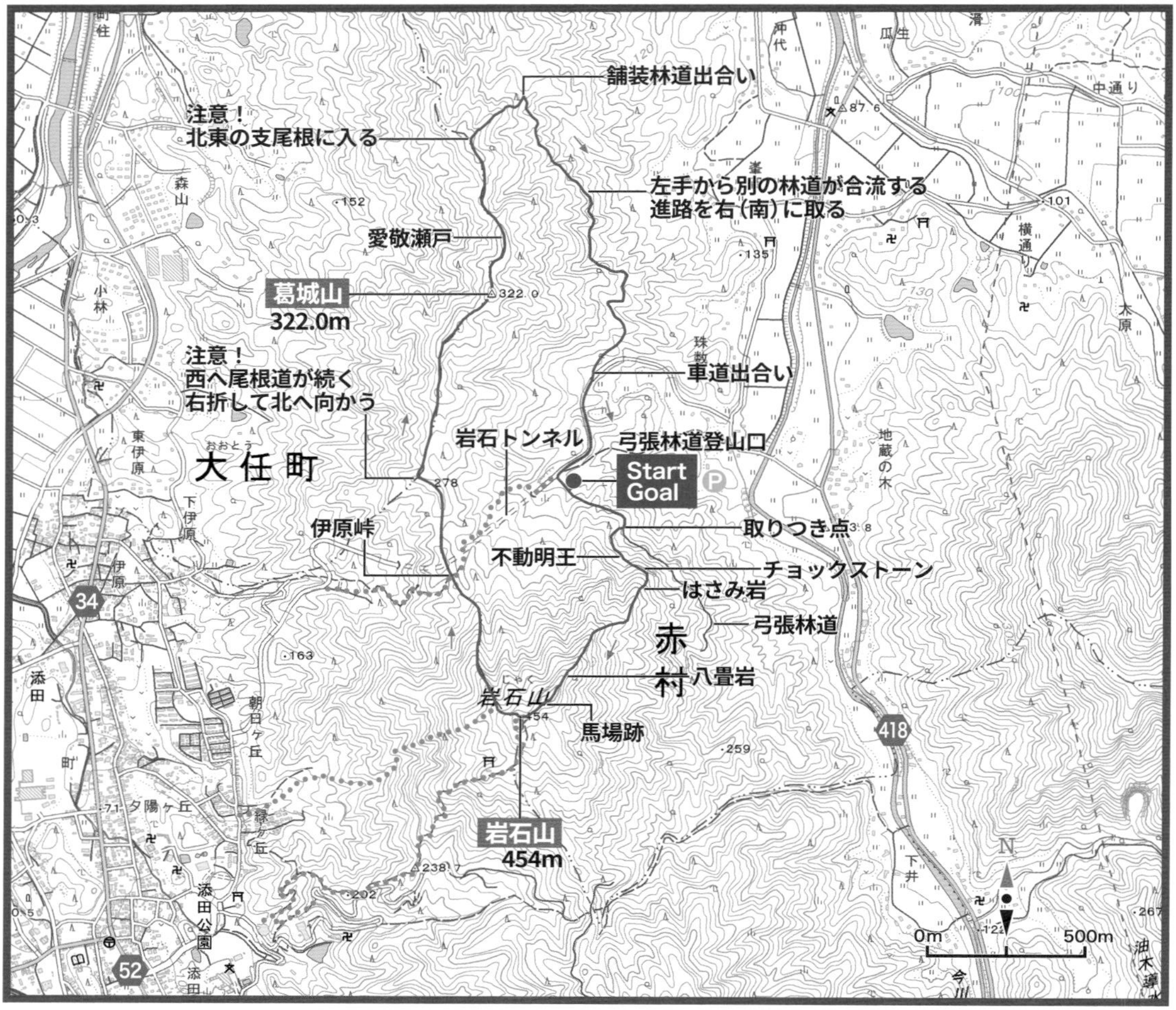

谷～岩石線に出合う。林道を右に取り、南へたどれば、岩石トンネルへ続く車道に出る。最後に5分ほど車道を登り返すと、登山口へ戻る。

【山行アドバイス】

①添田町側からのルートの起点は、サクラの名所として知られる添田公園。広い駐車場とトイレが整備されている。車を二台用意して縦走するのも面白いだろう。

②岩石山～葛城山間はジャンクションピーク（尾根道の分岐）が多く、道を取り違えやすい。こまめな現在地の確認を忘れないようにしよう。

愛敬瀬戸から5分ほどのところにあるジャンクションピーク。ここで北東の支尾根に入る。

山行データ

■スタート地点　弓張林道登山口

■スタート地点の緯度経度とマップコード
33度35分3.10秒 ／ 130度52分23.39秒
マップコード＝96 285 631*01

■スタート地点と最高点の標高差　270m

■歩行時間の目安　約2時間40分

■参考コースタイム
弓張林道登山口～ 5分～取りつき点～ 15分～チョックストーン～ 30分～八畳岩～ 10分～岩石山～ 20分～伊原峠～ 35分～葛城山～ 15分～林道出合い～ 25分～車道出合い～5分～弓張林道登山口（往路：葛城山まで＝1時間55分／復路：葛城山から＝45分）

■関係市町村
赤村役場＝0947（62）3000

Route 40

明星山《みょうじょう》（362・3）～白金山《しらかね》（357・2）～向耳納《むかいみのう》（361・3）

里山と深山の雰囲気を併せ持つ不思議な山域

■登山口＝久留米市

明星山山頂。この山だけをめざす人も多い。久留米市の人気の山だ。

スタート地点の一ノ瀬親水公園。手前は高良川、左手にトイレ、奥が駐車場。

谷へ下ったあと、渡渉して左岸を南進する。手前の野草はハナミョウガ。

枝道が多いのがこのルートの特徴。最初の分岐は、右を取って近道ルートへ進む。

一ノ瀬親水公園は、高良川《こうら》の清流を利用して作られたアウトドア施設である。久留米市と広川町を結ぶ県道800号沿いにあり、九州自動車道久留米インターからのアプローチも容易で、久留米市の人気スポットになっている。ここを基点に耳納《みのう》連山の南西端に連なる明星山、白金山、向耳納を縦走周回してみよう。

　全体に植林が多いものの、ところどころに照葉樹林が残っており、場所によっては古い時代の生活痕が残る里山ふうだったり、山深い雰囲気を漂わせていたり、なんとも不思議な感覚にとらわれる山域である。

　地元有志の手によって登山道、道標ともによく整備されているが、分岐が多いのが特徴と言ってよく、地図やGPSは必携である。

　さて、準備を済ませたら広い駐車場を出発し、まずは高良川に架かるホタル橋を渡る。登り口は東屋の先にある長い階段で、見上げるほどの高さに面食らうかもしれないが、段差は小さく、ほどなく最上部に達し、そこから右手の山道に取りつく。

　最初の分岐は右の近道ルートを取る。左を取って展望台（232標高点）を経由し、裏明星ルートをたどる手もあるが、初めての場合は素直に右を取るほうがいい。

　右を取ってしばらくで清流の流れる谷へ下る。渡渉して左岸を南進し、やがて沢から離れて尾根に取りつく。登り上がった尾根の平坦地には自

白金山が近づくと、六差路に出合う。つい直進しそうになるが、左の道へ入る。

明星山へ続く美しい樹林の道。ほかにややや荒れた感じの道や植林の中の道もある。

高良内から上がってきた登山道との合流点。要所には道標が立っている。

植林の中にたたずむ向耳納山頂。明星山、白金山とは趣を異にする。

白金山山頂。手前の人工物は、手作りの展望台のようだ。南側（写真右手）が開けている。

白金山から急降下する途中、広い鞍部を見下ろす。鞍部は四差路で、直進する。

古い畑の跡と思われる石積みを見たあと、折掛林道へ下り立つ。ここも四差路で、右折する。直進は展望台（232標高点）を経てルート最初の分岐に出る。

然林が残っている。

再び上りに変わり、途中で裏明星ルートを左に合わせる。その先の植林の中の分岐は右を取り、高良内《こうらうち》から上がってくる登山道との合流点をめざす。合流点から左を取れば、20分ほどの上りで四等三角点のある明星山の山頂へ飛び出す。西側一帯の展望が開けた山頂は、ベンチ、テーブルのほかに鐘やブランコまであって賑やかである。

ひと息入れたら白金山をめざし、南東へ続く縦走路に入る。途中には３７９標高点ピークのほか、鈍い小ピークが連続するものの、息の上がるような急登、急降下はなく、アップダウンは比較的緩やかである。

ただし、前述したようにこの縦走路はいくつもの枝道を左右に合わせる。また、西側を走る三谷林道と接続したり、古い作業道と出合ったりする。そうした分岐に遭遇したら、面倒でも必ず地図やGPSを見て現在地を確認すること。そうすれば道迷いは防げる。

ポイントとなるのは明星溜め池の先にある小ピークを下った地点で、ここは登山道、林道、作業道が合わさる六差路。いったん立ち止まって進路を確認しよう。

その先の高根《たこね》山分岐は右を取り、いったん南へ回り込んで白金山へ向かう。白金山西直下の四差路を直進すれば、ひと上りで開けた白金山山頂へ飛び出す。ここもまた明星山と同じく手作りのベンチ、テーブルのほか、展望台などがあって賑やかだ。展望は南側が開けている。

復路は北尾根をたどる。最初はなだらかだが、途中から急降下して広い鞍部へ下る。四差路で、左は前述の西直下から下ってきた道。右は高根山へ通じている。ここは直進。次の四差路も直進し、北尾根を忠実になぞって進めば３５３標高点に出る。

向耳納はそこから鈍い小ピークを二つ越したところ。明星山、白金山とは趣を異にする植林の中の静かな頂である。残念ながら展望はない。

あとはさらに北進し、標高２７０メートル地点で進路を北西に変え、間もなく南西へ急カーブして下ると、途中で

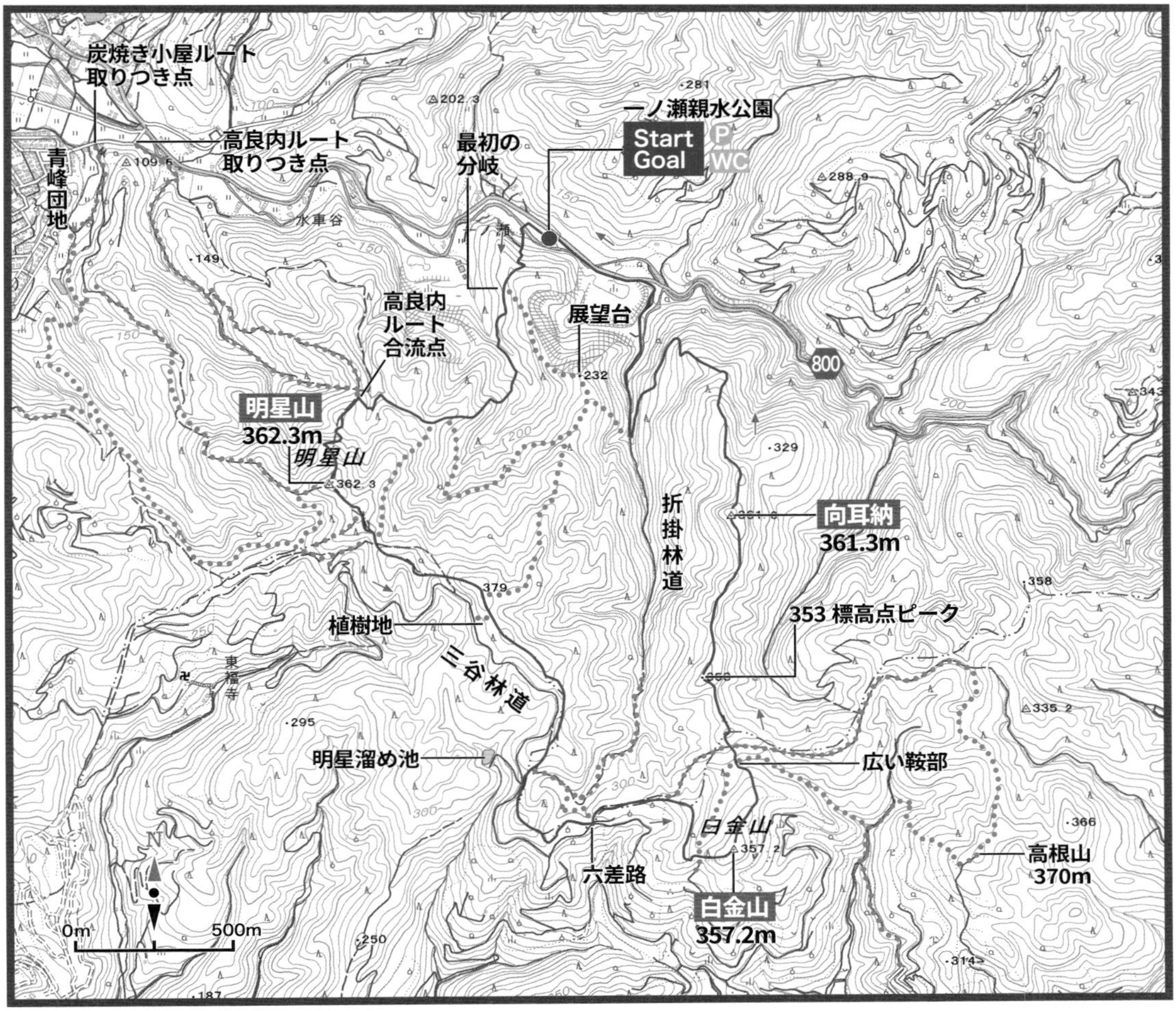

畑の跡の石積みを見る。そのことから古い時代の生活道だと思われ、折掛《おりかけ》林道に出るまで登山道は思いのほか歩きやすく、しっかりしている。

折掛林道に出たら右を取り、沢に沿って下る。頭上が開けると県道８００号はもうすぐで、県道出合いで左折すれば一ノ瀬親水公園に帰り着く。

［山行アドバイス］

①登山道、道標ともによく整備されている。危険なところもない。山慣れた人にとっては手ごろな周回路である。しかしながら、分岐が多い点は必ず頭に入れて歩きたい。ビギナーの単独行はおすすめできない。

②明星山だけならば、高良内登山口から取りつき、炭焼小屋ルートへ下る周回がおすすめである。

③高根山は、白金山の東に位置するピークで、標高は３７０メートル。薬師堂登山口から取りつき、白金山と併せて登ることができる。

山行データ

■スタート地点　一ノ瀬親水公園

■スタート地点の緯度経度とマップコード
33度17分5.92秒／130度34分55.68秒
マップコード＝37 415 781*07

■スタート地点と最高点の標高差　約260m

■歩行時間の目安　約３時間40分

■参考コースタイム
一ノ瀬親水公園～10分～最初の分岐～35分～高良内ルート合流点～10分～明星山～25分～植樹地～35分～六差路～20分～白金山～20分～353標高点ピーク～15分～向耳納～30分～折掛林道～20分～一ノ瀬親水公園（往路：白金山まで＝２時間15分／復路：白金山から＝１時間25分）

■関係市町村
久留米市役所＝0942（30）9000

城ノ越山	180m	080P
城　山	369.2m	113P
白金山	357.2m	137P
白　岳	310m	126P
関ノ山	359.0m	015P

■タ行

大法山	232m	030P
高祖山	416m	054P
高宮山	422.6m	104P
岳城山	381.3m	024P
立花山	367.0m	126P
立石山	209.5m	070P
天　冠(六ヶ岳)	252m	086P
砥上岳	496.4m	101P

■ナ行

灘　山	209.4m	018P
鳴川山	359m	037P
西　山	476m	122P

■ハ行

白　山	319m	116P
白馬山	240m	030P
羽　衣(六ヶ岳)	310m	086P
花尾山	351m	110P
日向山	340m	083P
二タ山	171.2m	098P
帆柱山	488m	110P
堀越城跡	355m	074P

■マ行

松尾山	343m	126P
三池山	388.0m	037P
三日月山	272m	080P
三市町山	440m	034P
見晴岩(岩屋神社)	380m	130P
宮地岳	180m	064P
宮地岳	338.8m	098P
妙見山	452m	119P
明星山	362.3m	137P
弥勒山	230m	077P
向耳納	361.3m	137P
六ヶ岳	338.8m	086P
目配山	405m	104P

■ヤ行

矢筈山	266m	058P
弥山岳	377.7m	027P
湯川山	471.3m	061P

＊岩屋神社、四王寺山、立花山、六ヶ岳については、ピーク名を重複して記載しています。また、三角点、標高点のないピークに関しては、等高線から読み取った標高を記載している場合があります。

福岡県名低山ルートガイド

山名索引

■あとがき

学びの場としての低山

筆者が『福岡県超低山１００』（ライトハウス出版刊）というガイドブックを編集したのは、２０１０年のことである。当時、福岡県下の山々を紹介したガイドブックは数種あったが、標高５００メートル以下というくくりを設け、見向きもされなかった山を含めたせいか、思いのほか好評だった。

また、自慢するわけではないけれど、国土地理院の２万５０００分の1地形図を基にしたルート図を掲載したことも受けた要因の一つだと思っている。見知らぬ場所を旅するとき、地図は必需品である。山もそれと同じだと考えていたからで、２万５０００分の1地形図を使ったガイドブックが増えたのはそれ以降のことである。

あれから十年余を経た今日、山は変わりなくそこにある。けれども、人間を取り巻く世界は大きく変わってしまった。

その大きな要因の一つは、ＳＮＳの普及である。登山に関していえば、当時はまだブログが主流で、山行記や山への想いなどを書き記していた人は、それなりの数いたと記憶している。しかしながら、拡散力という点ではそれほど強くなく、欲しい情報は検索エンジンを使ってこちらから取りにゆく感じだった。

それが今やＳＮＳにつながってさえいれば、ありとあらゆる情報が向こうから勝手に流れてくる。それはあたかも洪水のようですらある。しかも、ＧＰＳによるほぼ正確なトラック（軌跡）さえ容易に手に入るようになった。

これによって、山の敷居はぐんと下がった。それ自体は悪いことではない。だが、結果的に安易に登る人、ちょっと行ってきますといった感じで、知識も技術も気構えもなく高峰や難ルートに入る人を増やしてしまった側面は否定できない。

いま一つ、私たちの世界を大きく変えたのは、2019年末から始まった新型コロナウイルス感染症の流行である。中でも2020年という年は、わが国に新型コロナウイルス感染症が蔓延した最初の年として記憶されるだろう。

マスクの着用はもとより、不要不急の外出を控えることを旨とする自粛要請や相次ぐ緊急事態宣言の発令によって、私たちの暮らしは激変した。

そうした中、感染リスクの低さもあってかキャンプや登山が注目を集め、遠出を控えた人たちが身近なフィールドで遊ぶようになった。コロナ禍以降、低山に出かける人も増えているという。

これまた、それ自体はけっこうなことである。しかし、山の情報をどこから得るかといえば、やはり主にSNSだろう。低山における遭難事故が増えているのは、おそらく前述したような社会情勢の変化が背景にあるのでは…と推察している。

実は、もともと山岳遭難事故は右肩上がりだった。だが、2020年度の統計によれば、高い山に多い滑落、転倒を要因とする事故は減り、逆に低山で起きやすい道迷い遭難が増えている。

さらにいえば、里山と呼んでもいいようなフィールドにおいて死亡事故が起きている。山に絶対安全はない。だから、低山といえども、なにが起きてもおかしくはないのだが、身近にある里山や低山で命を落とすようなことがあってはならないと思う。

よく耳にするようにインターネット上の情報は、玉石混交である。SNSもしかりで、役に立つ情報も少なくない。ただし、SNS上に発信される山の情報に関してはその人の主観的な記録が多く、それを読む人の安全を担保するものではない。この点は押さえておくべきだろう。

また、スマートフォンのGPSアプリに表示されるトラックは、誰かが歩いたという事実を示しているにすぎず、誰もが同じルートを安全に歩けるわけではない。山に関する知識、技術、経験、あるいは季節や天候が異なれば、同じ山、同じルートでも難度は変わって当然である。こういった点は、SNS全盛の時代だからこそ肝に銘じておかねばならない。

GPSアプリも同様で、持っているだけで読図の達人になるわけではない。使いこなして初めて心強い味方となり、確実に道迷い遭難を防いでくれる。そのためには使い方を学ぶ必要がある。その意味でいえば、身近な低山を、たとえばGPSアプリの使い方を学ぶ場として捉えるのはどうだろう。

本書の企画意図は「大勢の人に低山歩きを楽しんでもらう」に尽きるのだが、その一方で、アプローチに時間がかからず、金銭的な負担も少なく、繰り返し何度でも登れる低山だからこそ、山に関するさまざまな知識や技術を学ぶ場にしてほしいという思いもある。

少なくとも本書が、「学ぶ」という観点から身近な低山を捉え直すきっかけになってくれれば、嬉しいかぎりである。

（2021年盛夏）